风控

信贷风险分析中的
数学原理与业务实践

张岩

著

RISK MANAGEMENT

中国铁道出版社有限公司

CHINA RAILWAY PUBLISHING HOUSE CO., LTD.

内 容 简 介

本书融汇了作者在风险分析及管理工作中积累的丰富经验和实战心得，对风险分析及管理领域涉及的各方面技术进行了系统且详尽的介绍。全书通俗易懂，贴近实战，对于初涉门径的从业人员，有很强的指导作用；不仅对风险管理中运用的数学原理进行了全面解读，还深入浅出地阐述了统计模型的基本原理，以及模型搭建、验证的全流程，还包括大数据的数据源甄别分析、成本考量和模型上线部署的详细过程。

本书不仅适合数据建模的专业人员学习，也适合金融信贷领域的风险管理者及信贷行业参与者使用，同时也可作为高校金融风控类课程的教材使用。

图书在版编目（CIP）数据

风控：信贷风险分析中的数学原理与业务实践／张岩
著．—北京：中国铁道出版社有限公司，2022.10
ISBN 978-7-113-29005-4

Ⅰ.①风… Ⅱ.①张… Ⅲ.①信贷管理-风险管理-
经济数学 Ⅳ.① F830.51

中国版本图书馆 CIP 数据核字（2022）第 050519 号

书　　名：风控：信贷风险分析中的数学原理与业务实践
　　　　　FENGKONG: XINDAI FENGXIAN FENXI ZHONG DE SHUXUE YUANLI
　　　　　YU YEWU SHIJIAN
作　　者：张　岩

责任编辑：张　丹　　编辑部电话：（010）51873028　　邮箱：232262382@qq.com
封面设计：宿　萌
责任校对：孙　玫
责任印制：赵星辰

出版发行：中国铁道出版社有限公司（100054，北京市西城区右安门西街 8 号）
印　　刷：北京铭成印刷有限公司
版　　次：2022 年 10 月第 1 版　　2022 年 10 月第 1 次印刷
开　　本：700 mm×1 000 mm 1/16　印张：13.25　字数：220 千
书　　号：ISBN 978-7-113-29005-4
定　　价：89.80 元

序

之前与张岩共事期间，同事们都尊称他为"岩神"。大家知道，从学得不好到学霸，已经有了很大的差距；学霸和学神之间，更是天资方面的碾压。"岩神"之所以是"岩神"，是因为大家遇到各方面的问题，都会去向他求助，并能从他那里得到出乎意料的最优方案。

受他的邀请，给《风控：信贷风险分析中的数学原理与业务实践》这本书写个序，其实我内心是惶恐的。虽然我从事信用卡和小额信贷风险管理工作十五六年，但是在统计模型领域，我始终觉得自己是个半路出家的"门外汉"，所以很怕自己所言不当，影响了大家对本书价值的评估。

2010年前后，我在信用卡中心受命组建第一个风险模型团队。当时的团队成员有风险模型的资深专家，有数学专业的高才生；但是，对于在当时怎样把模型工具应用到风险管理的实践中，大家还没有成型的做法。彼时，就特别希望有一套"教材"，从基本原理到建模实践全部讲清楚。这样既可以当作新人的培训材料，也可以作为大家实际操作时的工具书。如今，通读完"岩神"的新作，可以说它就是当年我特别想找到的那本实用工具书。

本书用通俗易懂的语言，把风险管理中运用的数学原理进行了全面的解读，语言诙谐又不失严谨。难能可贵的是，本书把互联网行业经常用到的高深理论，用非常接地气的方法给大家介绍，对于一般读者，或者像我这样一知半解的人，也可以把它当作科普读物来学习。

此外，在建模的专业内容方面，从原理出发，更贴近实战，对于初涉门径的从业人员，有很强的指导作用。本书涵盖的范围，并不局限于风险管理本身，还涉及定价、成本等多个方面，也可以看出作者在小额信贷领域积累了非常丰富的经验。

最后，希望各位读者能够带着轻松愉快的心情阅读本书。

苏州银行数字银行总部风险总监　周骏

1. 为什么要写这本书

2008年7月毕业后,我有幸来到大城市上海加入发现金融Services(DFS)在国内刚刚筹建的分析中心,也从此进入了这个在国内即将爆发的行业。实际情况是,在上学的时候,不像很多同学早早地便确定了职业发展的方向,我对未来到底要做什么一直是懵懵懂懂的,毕竟在当时,学数学或统计专业的人,通常会被认为是要去当老师的。

加入DFS后,幸运遇到了多位不吝赐教的业界前辈,让我仿佛打开了一扇新世界的窗户,原来现实世界中数学也可以这样用。当然,这里的数学不是在学校中学习的微分、积分、数论、随机过程等,而是通过数据来指导业务的走向和决策。通过各种复杂的数据组合,分析各种各样的问题和解决方案,通过各种各样的方法将数据的逻辑梳理清楚,与各个业务部门的同事讨论,从不同的角度去解读数据,这些看似烦琐的事,带给我极大的满足感。

近些年来,我国风险分析师这个行业有一个显著的短板,就是分析师缺乏持续提升分析技能的动力与条件。

先说动力,这几年行业发展得太快了,风险分析在很多业务单元还几乎处于从0到1的阶段,绝大多数分析师能从管理岗的提升中得到更多的收入提升,而一旦进入管理岗后又偏向于项目管理和团队管理方面的工作,不太会参与比较细节的分析;而绝大多数公司,也没有为分析技能的提升,提供高职级的职位。一切都太快,很多事情来不及进行仔细的分析就要得出结论,执行实施。

再说条件,同样由于行业发展快和工作节奏快。首先,真正有经验的分析师其实很少有时间能够针对新员工给出系统性的指导;其次,如果一个分析师想自学,市面上很多商业培训往往流于表面,而很多这个领域的书籍都只是系统性地讲述了行业的通行做法和概念,这些概念和其背后的业务逻辑之间的桥梁是缺失的,因为每家企业的实际情况都不一样,如果不能将这些概念、方法背后的逻辑融会贯通，在很多时候生硬地应用很难得到预定的效果；最后，工作催得急，很多分析时的必要步骤可能会被省略。要知道，风险分析本身也是有风险的，很多步骤就是为了控制风险分析本身的操作风险才制定的，如果这些必要的步骤在分析中逐渐省去，当产生问题时可能已经悔之晚矣。

随着这两年市场和监控环境发生的变化，各个公司越来越看重精细化运营的能力，这里当然也包含风险的运营。从2017年起，我就开始在公众号上断断续续地分享这些年在风险分析工作中的心得，希望能够帮助大家捅破很多看似神秘的"窗户纸"，少走一些弯路。从2020年起，又将之前的很多材料重新整理汇总，系统地介绍关于风险分析那些看似基础，但背后有着复杂业务逻辑的实践、方法、概念。由于水平有限，若有谬误也请大家谅解，欢迎来函或当面探讨。

在整理这本书的过程中，确实只有自己一个人，而且除了引用部分，其他内容也是一字一句写出来的，因此对于很多非常基础或不是那么关键的概念可能就偷懒跳过了（相信有心的读者也能从其他书找到）。另外，也不太想我的这本书变成一本参考手册，而是可以成为一本能够伴随每个分析师成长的实践指南，所以在很多特别细节的逻辑、代码以及说明方面会有一定的缺失，也请大家谅解。不排除会持续地修订，逐步补充。

2．风险分析既是"技术"也是"艺术"

这句话是我刚加入DFS的时候，一位公司前辈做的经验分享，至今记忆犹新；但随着工作经验的增长，才逐渐认识到这句话真正的内涵。风险分析当然是需要技术的，这里的技术包括各种分析指标、代码逻辑和各种挖掘算法，这是一切工作的基础；但对于风险分析来说，更加重要的是，基于对业务的深入了解来解读那些数据，根据经验对市场变化等未知的事情做出合理假设等难以量化的技能。这个也是我在本书中一直秉持的理念，每一种方法、技巧以及指标都有其自身的优势和局限性，因此面对不同的业务需求时，不能生搬硬套，一定要实事求是地做出各种合理或不得已的假设，保持警惕地使用各种"技术"。

另外，在介绍很多方法的时候，会更偏重这个方法产生的主要原理和背景，而不是方法本身；为了能够更好地理解这些方法，会把背后复杂的原理做一定的提炼，尽可能直白地解释，因而不可避免地会造成一些方法与其精确定义有一定偏差，非常欢迎大家能够基于对这些方法深入的理解与我进行探讨。同时想说明的是，在实际的工作中，不要拘泥于方法的形式，千万不能搞"本本主义"。

如果把每个分析师的分析技能比作是生产力，那么一家公司的风险分析架构和分析师之间的协作机制就是生产关系；本书主要介绍的是生产力相关内容，2020年我再一次回归风险管理工作后，对于新时代下风险管理生产关系又有了许多新的认识，期望未来能够有机会也和大家分享。

3．特别鸣谢

除了感谢我的家人、领导、朋友、同事在这几年中给予我的支持外，在撰写此书的过程中，还参考了大量书籍，同时开源工具t1modeler和Apache Echarts也提供了众多模型输出报告示例，极大地减轻了我的工作量，特此鸣谢。

张　岩

2022年5月

| 目 录 |

第3章　那些可以被度量的风险 / 36

第1章
行业背景

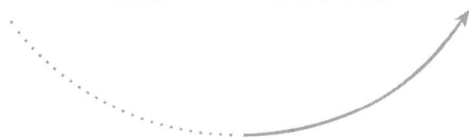

1.1 什么是风险模型

风险模型,可以说是数学模型的一个应用分支。

数学模型是针对参照某种事物系统的特征或数量依存关系,采用数学语言,概括地或近似地表述出的一种数学结构,这种数学结构是借助于数学符号刻画出来的某种系统的纯关系结构。

因此,风险模型的任务是用量化的方式去描述借款用户以及其每一次与金融机构交互的行为。通过这个量化的描述,一方面可以更加精准地判断用户未来的行为,当然主要是风险行为,也就是用户未来逾期的可能性;另一方面,由于采用了量化的方式描述客户,那么意味着对客户的所有评估审核,可以转换为一行一行的计算机代码,从而实现对于客户的自动审核。尤其对于小额借款来说,优势就非常明显,因为对于几千元的贷款来说,如果无法把这个过程自动化,那么人工审核的成本将会非常高昂,从而导致此类信贷产品根本无法为金融机构带来收益,这也是科技推动金融产品创新一个非常典型的例子。

1. 广义风险模型

广义的风险模型是一套数学公式,这个数学公式可以把每个人那些可供量化的指标,转化为金融机构希望看到的,对每一个客户风险或者价值的衡量。该公式可以是几条简单的判定规则,也可以是基于机器学习生成的由几千条语句(如条件语句if-else)构成的复杂逻辑。

比如,在每个人申请信用卡的时候,申请表中会有一个部分是让用户填写年收入情况。那么,这里的年收入就是一个可量化的指标,其他类似的指标还有年龄,在目前单位连续工作的时长,现在有多少张信用卡,以及这些信用卡最高的额度是多少,等等。回到年收入的例子,如果当年收入(变量income)大于12万元,那么这个人就是一个好客户,这其实就是一个简单的数学模型,其中年收入为income:

$$Y=\begin{cases} \text{好人} & \text{income}>120\,000 \\ \text{坏人} & \text{income}\leq120\,000 \end{cases}$$

2. 狭义风险模型

狭义的风险模型是上面提到的那些比较复杂的模型，而那些由相对容易读懂的规则所构成的风险模型，通常被称为风险规则。因此为了更清晰地描述后面的概念，从第 2 章开始提到的风险模型都是指狭义的风险模型。

在实际的工作中，风险模型要比这个复杂得多，而且对于客户的描述也不会是简单的好人或坏人，而会分成很多等级。当等级有好几百个的时候，结果看起来就会像是一个分数（不是那个分数），实际的输入也不会仅仅是收入一项，而是会有很多。每一个风险模型都可以用下面这个公式来表示：

$$y=f(x; p)$$

换句话说，可以用如下四个要素来决定一个唯一的模型。

（1）y 是指你想用来描述的客户的行为，通常包括还款意愿、还款能力、客户价值等；

（2）x 是可以被量化的指标；

（3）p 是权重，也就是说不同的指标，在模型中占的权重是不一样的，通常也会把它叫作参数；

（4）f 是在数学课本中学到过的函数 f。

决定每一个模型的过程，通常称为"建模"，一般会遵循的顺序为：$y \rightarrow f \rightarrow (x;p)$，是否有点不明白了，那我尝试用通俗易懂的语言来解释一下。

首先，确定需要解决的业务问题是什么，这里涉及的数学知识并不多，更多的是基于对业务和当前组织中人员的技能及相应配置的了解。

其次，要决定到底用哪种函数形式或者数学方法来解决对应的问题，这里主要依赖于分析师对于各种方法、算法的了解，要清楚它们的优势、缺点及使用规则，这些并不局限于在数学上，还应该关注在目前的团队技能，和对于每个方法的驾驭程度，以及用不同方法的投入产出比。

最后，需要决定用哪些特征进入模型？这些特征的权重是怎样的？这里的决定因素就更多了，比如业务经验、代码能力、数据敏感度、对于具体方法的了解程度等。这一步在最后并不意味着不重要，恰恰相反，它是从业人员每天需要花费最多精力的地方。

然而全局性的内容，不能脱离局部而独立，因为全局是由它的一切局部构成的。有时候，有些局部破坏了或失败了，对全局可以不起非常重大的影响，就是因为这些局部并不是对于全局起着决定意义。

战争中有些战术上、战役上的失败或不成功，有些不至于引起战争全局变坏，就是因为这些失败产生的作用不是有决定意义的。但若组成战争全局的多数战役失败了，或有决定意义的某一两个战役失败了，那么全局就会立即发生变化。

近些年来，由于各种技术层出不穷，大家会经常接触到很多像大数据、人工智能、数据挖掘、机器学习等的相关名词。比如在个别场合做自我介绍的时候也会与时俱进地引入这些新的名词，比如我刚入行的时候，我的朋友们问我你是干什么的？我通常会说我是做数学模型的，这时，对方通常会摆出如下图中的表情。

而最近几年，我通常会说我是做大数据、机器学习的，这时候大多数情况下会看到对方显示出如下图中的表情。

厉害了我的哥!

但分析师做的事情并没有像这两个表情的差异那样大,反而会从刚刚入行时的喜欢用很多复杂的数学方法来追求模型指标的提升,变为对于模型的运用和针对不同的业务场景将模型进行微调。

(1)并不是越复杂越高级的方法越好,应该选择那些适合业务场景和团队技能的方法。

(2)运用风险模型是一门综合的学科,木桶理论在这里同样适用。

风险模型、数学模型是对现实生活的简化。做个类比,那些漂浮在大海里的冰山,在冰面上面,看得见的部分只是占整体的一小部分,真正的主体部分是在冰海里。当模型完成后,并不意味着工作的完结,如何尽可能地降低模型的操作风险也是每个风险分析师学习的必修课,后续的工作不比建模型更容易,毕竟这里不是Kaggle上的数据挖掘竞赛。

1.2　风险模型的数学基础

下图所示为一个比较基础的数理模型的知识脉络。

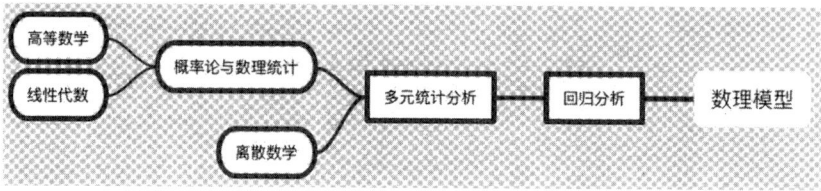

1.2.1　高等数学

通常认为，高等数学是由微积分学、较深入的代数学、几何学以及它们之间的交叉内容所形成的一门基础学科。

这里的高等数学其实想表达的是数学分析，比较简单地可以理解成微积分。通常对微积分的理解就是求导、积分、求一个曲线覆盖的面积、泰勒展开式等，而微积分被放到高等数学中是因为它引入了一个极其抽象的概念——极限。

这里的"极限"与通常说的，"我体力到极限了"中的"极限"完全不是一回事。数学家为了定义极限，发明了两个符号。一个是 ε，ε 是一个正数，但它又小于任意正数，如 $\varepsilon > 0$；另一个是 ∞，∞ 也是一个正数，但它大于任意一个你能想象到的具体数字。

你能想象下面两个公式吗？

（1）$\infty = \infty + 1$。

（2）$\varepsilon = \varepsilon \div 2$。

我认为微积分的"大厦"几乎就是建立在这两个符号上的。

1.2.2　线性代数

线性代数是数学学科的一个分支，它的研究对象是向量、向量空间（或称线性空间）、线性变换和有限维的线性方程组。向量空间是现代数学的一个重要课题。

举个例子，当已经知道谁是好客户，谁是"坏"客户，还知道客户的年龄、工作年限和家庭月收入，这时想分析一下这三个变量（通常把这些可以量化的指标叫作变量，在模型中称为自变量（Independent Variable或Predictor）。客户是否是坏客户有什么关系, 这也是一个可以量化的指标, 如用1来代替坏客户, 用0来代替好客户, 通常会把它叫作目标变量（Target Variable）, 在模型中称为因变量（Dependent Variable）。假如有10 000个客户, 把这些数据列出来后的样子, 如下图所示。

年龄	工作年限	家庭月收入	客户属性 (1：好；0：坏)
20	1	4000	0
25	6	5000	0
30	7	7000	1
22	4	2000	0
28	7	10000	0

在数学中这些数据的组织形式称为矩阵, 为了研究它们之间的复杂关系, 必然涉及这些数据的各种运算。简单来说, 线性代数可以说是用来研究这种被表示为"矩阵"的数据运算的一门学科。

1.2.3　概率论

概率论是研究随机现象数量规律的数学分支。

概率论应该是非常直观的课程了, 最早的概率论就是为了研究博弈而来的。下面拿"21"点来举例：

如果你有♣5♡8♡2♦2, 而对方有♣6♣5♡3♦4；那么只要算算再拿一张能获得19～21点的概率, 就能做决定了。

大量客户的行为除了会遵循一些特定规律, 也同样充满了随机性。

概率论中有两个重要概念：期望和方差, 就是一件事最有可能出现的情况及可能出现的偏离程度。用股票市场来举个例子, 一只股票收益的期望, 就是这只股票未来可能带来的收益；而方差, 就是代表股票价格的波动性, 也意味着可能的风险。如果你问我怎么选股, 我就会告诉你选那些期望高（收益高）方差小（风险低）的, 是不是很简单？但你至少要知道怎样计算期望和方差, 这里还要解决一个新问题, 即如何权衡风险和收益。

哈里·马科维茨（下图）, 就是因为解决了这个问题, 而获得了诺贝尔经济学奖。

哈里·马科维茨

哈里·马科维茨的主要贡献是，提出了一个概念明确的、可操作的，在不确定条件下选择投资组合的理论，他的研究在今天被认为是金融经济学理论的前驱工作，被誉为"华尔街的第一次革命"。因为他在金融经济学方面做出了开创性工作，从而获得了1990年诺贝尔经济学奖。

1.2.4　数理统计

随着研究随机现象规律性的科学——概率论的发展，应用概率论的结果更深入地分析研究统计数据，通过对某些现象频率的观察来发现该现象的内在规律性，并做出一定精确程度的判断和预测；并将这些研究的某些结果加以归纳整理，逐步形成一定的数学模型，这些组成了数理统计的内容。

数理统计，是指通过数学的方法来统计，那些统计结果用正确的方法。（当然还有不正确的方式）来解读，就是业务中想要的规律，具体解释如下：

（1）上海地区的工作日平均申请量是北京的50%；

（2）35岁以上客户的逾期率，比35岁以下的低1%。

说个题外话，现在很多互联网金融公司的数据分析或数据模型部门都有一个现代感名字——决策科学部（Department of Decision Science），从这个名字就可以看出，用数据分析的方法做决策，才叫科学；只凭经验决策，那只能叫感觉。

1.2.5　回归分析

在统计学中，回归分析（Regression Analysis）是指确定两种或两种以上变量间相互依赖的定量关系的一种统计分析方法。

"回归"在英文中的原意是returning to a former state，中文翻译为回到之前的状态，回归分析最初就是因为有人发现了一种所谓的"回归效应"。

高尔顿（下图）就是回归分析的发明人。

高尔顿

"回归"是由英国著名生物学家兼统计学家高尔顿在研究人类遗传问题时提出的。为了研究父代与子代身高的关系，高尔顿收集了1 078对父亲及其儿子的身高数据。他发现这些数据的散点图大致呈直线状态，也就是说，总的趋势是父亲的身高增加时，儿子的身高也倾向于增加。但是，高尔顿对试验数据进行了深入的分析，发现了一个很有趣的现象——回归效应。因为当父亲高于平均身高时，他们的儿子身高比他更高的概率要小于比他更矮的概率；父亲的身高小于平均身高时，他们的儿子身高比他更矮的概率要小于比他更高的概率。它反映了一个规律，即这两种父亲的儿子的身高，有向他们父辈的平均身高回归的趋势。对于这个一般结论的解释是：大自然具有一种约束力，使人类身高的分布相对稳定而不产生两极分化，这就是所谓的回归效应。

高尔顿是达尔文的表弟，达尔文（下图）是英国生物学家，进化论的奠基人，后面会提到的皮尔逊就是他的学生。

查尔斯·罗伯特·达尔文

1.3　为什么模型能解决金融机构的问题

通过数学模型，我们可以把每一笔的信贷申请，量化处理为计算机能够处理的程序，从而极大地提高信用审核的效率。

1.3.1　小额无抵押信贷产品

生活中，每个人或多或少都会与金融机构有交集，比如去银行存钱、取钱、买国债、买保险等，这些活动涉及的银行、证券、保险就是通常所讲的广义的金融机构。

金融机构为客户提供的信贷产品现在已经非常普遍地存在于日常生活中了，这里要为个人信贷添加两个定语，一个是小额，另一个是无抵押。

小额是指额度在几千元几万元的产品，对于那些能够一次从银行借贷出几十万元甚至上百万元的人们，我研究的兴趣并不大；有抵押的信贷产品，就是通过一定的抵押物来获得贷款的一类产品（定义不一定准确，意思明白就好），比如常见的住房按揭贷款，相对来说业务逻辑和场景与无抵押的差距会比较大，这里也不做过多讨论。

之所以出现这类信贷产品，与人们对它有着广泛的需求，有很大关系，具体数据如下图所示。

工资分布比例

2K-3K	11.1%
3K-4.5K	12.2%
4.5K-6K	18.7%
6K-8K	18.5%
8K-10K	10.5%
10K-15K	12.7%
15K-20K	6.0%
20K-30K	7.3%

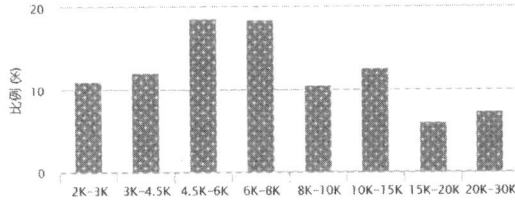

北京

工资分布比例

2K-3K	15.2%
3K-4.5K	15.0%
4.5K-6K	18.1%
6K-8K	15.5%
8K-10K	10.1%
10K-15K	11.9%
15K-20K	5.4%
20K-30K	5.7%

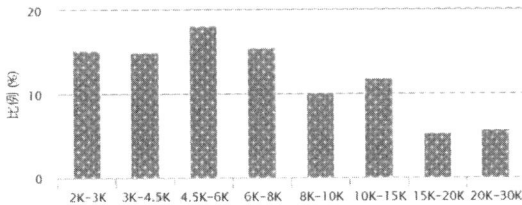

上海

工资分布比例

2K以下	2.6%
2K-3K	25.1%
3K-4.5K	18.7%
4.5K-6K	21.5%
6K-8K	12.4%
8K-10K	11.0%
10K-15K	5.4%
20K-30K	1.6%

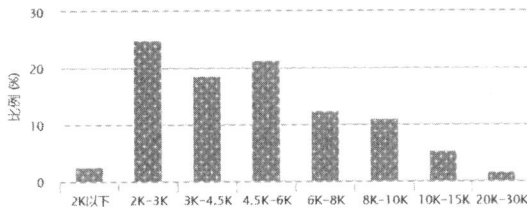

广州

工资分布比例

2K以下	3.3%
2K-3K	18.7%
3K-4.5K	20.8%
4.5K-6K	19.7%
6K-8K	14.6%
8K-10K	7.9%
10K-15K	8.0%
15K-20K	3.2%

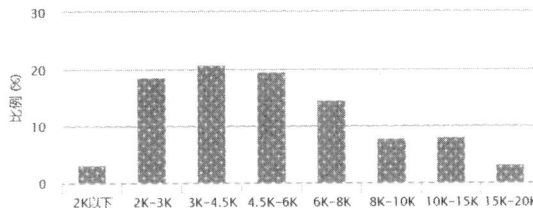

深圳

*以上数据来自互联网，非官方数据，仅供参考。

上图是公认的收入较高的四个一线城市2017年的收入分布，即使在这四个城市，也有70%的人，他们的月收入在6 000元以下，其他城市的人们收入可能相对较低。这些数据说明了一些问题，比如人们为了实现自己的理想，过上衣食无忧的幸福生活，而努力工作，一部分人选择到大城市工作生活，难免衣食住行，花费的地方就会比较多，就会有手头紧的时候。所以这类产品是一个有着几亿人口，潜在需求量巨大的市场。一些正规的金融机构都会为大家提供这样的服务，这里注意，大家申请时切忌盲目草率，真正了解清楚规定的内容，深入考量后再做决定。

生活中常见且符合定义的信贷产品有信用卡、小额消费贷款、手机付款分期等，具体到产品可能有大家较熟悉的京某条、微某贷、某呗、乐某借钱等。这些产品都有一个共同的特点，那就是会有很多人申请和使用。

1.3.2　小额信贷产品需要高效的审核工具

大家都知道，当我想去银行办一笔贷款的时候，从客户的角度来看，大概流程如下图所示。

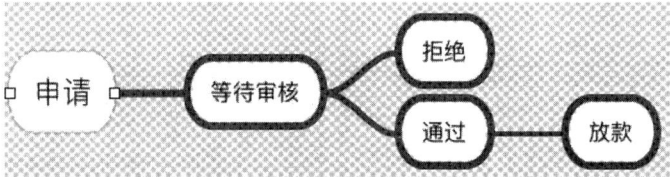

而从银行的角度来看，流程如下图所示。

从上面两图可以看到，这里的核心环节就是在贷款申请人提交了申请资料后，银行需要审核这个人的申请资料，毕竟是银行要先给钱，银行总要知道这个人日后的还款能力，是有可能会还上这笔钱，而不是拿了钱还不上。

拿一笔房贷来说，如果贷款300万元，年化利率是5%，一共要贷30年，那么在这

30年中，你大概可以支出200万多元的利息。从合理的角度来说，如果有一笔可以赚到这么多钱的业务，那么派好几个人来审核你的贷款资料，从成本上来说也是划算的。

再来看看这些小额贷款，如果你贷款5 000元，等额本息借半年，即便按照目前顶格的年化36%的利率，金融机构的收入也仅仅不到500元（注意，这是收入，还不是利润）。从这个角度来说，如果再派一个人花时间来审核贷款申请，先不讨论客户体验的问题，仅从银行收入的角度来说，就不是一个划算的买卖，那么这该怎么办呢？

1.3.3　什么是数理模型

统计学是一门不是那么古老的学科，高中课本上讲种豌豆的孟德尔也可以说是一个统计学家，经济（金融）大概（注意用词）是统计学有史以来第三个应用的领域，前两个是生物和人口。原因是：统计学其实从某种意义上来说，并不像其他的数学学科那么严谨，它是一门用来研究可能性和不确定性的学科，为了使这个可能性和不确定性有更高的可信度，需要大量的数据支持，在没有计算机和那么多数据收集手段的年代，统计学家用手中的笔和纸，完成了一个又一个不可能完成的任务。

统计中有个大家可能或多或少都听说过的定理——大数定理。大数定理其实是概率论中一系列讨论"随机变量序列的算术平均值向随机变量各数学期望的算术平均值收敛"的定理的总称，在数理统计课本上的"大数定理"，真实的名称叫作伯努利大数定理。记得在我上学的时候曾经"折磨"我最多的一门课叫作统计中的逼近定理，就是在研究各种收敛的条件和结论，不过，除了名字以外，我已经把内容全部还给老师了。

生活中很多人都会把它叫作大数定律，因为这条规律，人们在应用时并不会去套用那些严格的假设和结论。

在随机事件的大量重复出现中，呈现几乎必然的规律，这个规律就是大数定律。

简单来说，如果把所有的客户看成差不多的人，当客户比较多的时候，能从那些历史客户行为中总结出一些规则，而这些规律对于那些未来的客户，也是有用的。

这个朴素的结论就是所有的大数据风控、自动化决策的知识原点。

而数理模型（通常在统计中，被称为回归分析、判别分析，引申展开还会涉及最优化等相关的具体方法）又是统计学中一类专门用来总结规律（这里的规律，是指那些可以量化的指标之间可以量化的关联关系）的学科分支。

看完了上面两点，就大概可以明白，随着计算机技术的发展，使得通过数理模型进行大规模且高效的个人信贷审批成为可能。于是欧美发达国家在20世纪80～90年代，开始了大规模的应用，而我国差不多在2000年之后也逐步开始推广相关技术。

1.4 风险模型未来会发挥更大的作用

相对于大额信贷（对私或对公），小额贷款主要有如下几方面的特点。

（1）金额低。由于金额低，每笔贷款对于整个资产组合的影响非常小，因此对于小额贷款的审核重点不在于消灭坏账，而是将坏账控制在一个合理的范围内，那么在申请人数和放款人数都达到一定数量的情况下，通过借助统计学和各种基于数据分析的算法进行贷款审批也就成为可能。

（2）对成本敏感。同样由于金额低，单笔借款的盈利性对于各项成本是非常敏感的，包括审核成本。

小额信贷领域，通过数据挖掘等一系列手段对借款人进行更深度的判断，从而降低整体的逾期水平或在保持同样逾期率的前提下，提高通过率间接地降低成本；使用人工审核时最明显的劣势就是，分摊的审核成本非常高，而且边际效应极差，在规模扩大时，反而会增加额外的管理成本，相比于人工审核，通过统计分析和算法制定的自动决策规则，会有非常好的规模效应，在信贷规模逐步扩大时，相应的人员不会有成比例的增加，反而可以进一步降低分摊的坏账成本。

（3）对客户体验的要求更高。相对于大额借贷、小额借贷通常没有什么计划性，都是出于比较突然的消费或资金需求，因此用户通常的需求都是能在很短的时间内获得授信。在这个要求上人工审核的劣势就更明显了，白天还能通过足够的人力,保证时效性,在夜间这么做就得不偿失了。

近年来,随着相关产业和技术的发展,包括第三方支付、身份认证接口,第三方数据服务、活体及人脸识别等,在完全没有人工干预的情况下,根据预先设定的业务规则完成用户受理、审核及放款已经完全没有任何技术上的障碍。经过近些年的发展,相关的"数据风控"人员也形成了一定规模,并且在不断地增加。

因此,在小额信贷领域,除了个别情况外,人工审核会被逐步替代,不过在大额的信贷领域,尤其是金额特别大的企业授信,人工审核还是不可替代的,数据风控只能起到辅助作用,主要原因就是在金额大时会产生如下的问题:

(1)没有足够的样本进行统计分析或数据挖掘。金额大直接决定在总授信不变的情况下,能够授信的笔数不多。对于任何在没有足够的数据支持时,都没有办法得到非常稳定或健壮的结论去指导业务。

(2)每一笔授信对于整体资产质量的影响都很大,这时,大家对于坏账甚至逾期采取的基本是"零容忍"的态度,在数理模型无法提供足够的决策支撑时,只能通过人工进行审核,而大额信贷由于金额大,足以覆盖因人工而产生的相关成本。

(3)在金额过大时,道德风险、市场风险等因素对于逾期的影响(看不见的风险)远大于偿债能力本身(看得见的风险),而这些因素又是统计模型或算法最薄弱的地方,就是预测人的心理和"黑天鹅"事件。

1.5　小结

本章是我在经历这个行业逐步成长的过程中,所积累的行业和风险模型的一些背景知识,希望帮助不太熟悉这个行业的读者能够快速对本书所要讨论的内容有个基本的认知,内容主要包括了风险模型在零售信贷中的应用原理、建立风险模型需要了解的一些基础的数学知识,以及对未来行业的一些粗浅看法。下一章,就从最贴近业务实践的风险规则开始,帮助大家逐步了解这个建立在数理模型基础上的风险管理体系。

第 2 章

金融机构的风险规则

在许多公司的介绍中,大家都说自己的大数据模型有多好,人工智能技术有多先进,有多少数据,但很少有人说自己的风险规则有多健全。当然主要原因是大家对大数据和人工智能技术已经很熟悉了,如果再说出几个算法如:卷积神经网络CNN、循环神经网络RNN、长短期记忆网络LSTM,在众人眼里,你已经是专家了,虽然现在有很多人工智能风控公司里的人,也许连sigmoid函数都不知道是什么。风控规则相对而言就非常普通,几乎被人忽略。但风险规则又无处不在,对于所有的信贷产品,风险规则是基础中的基础,做风控可以没有模型,但绝对离不开规则。我认为风险规则常常被人忽略,有以下两个原因:

(1)制定风险规则太容易入门,容易到几乎没有门槛;

(2)制定风险规则又太复杂,复杂到让人以为它是一门定性的学科。

2.1　风险规则是什么

通常还有两个词会和风险规则一起出现,分别是风险政策和风险策略。一般来说这三个词没有什么差别,但如果一定要细分,我的理解如下,仅供大家参考:

(1)风险策略(Risk Strategy)更多的是指为了企业的既定目标,而形成的一个大的方向性的指导;

(2)基于风险策略,又分解成各个业务环节的风险政策(Risk Policy);

(3)为了实现各个业务环节的风险政策,又有了一条条风险规则(Risk Rules)。

本章主要介绍实际应用层面的风险规则。

下图是一般准入风险政策的规则决策流程,在实际的运用过程中不一定会严格按照这个功能模块进行划分,而且也会有一些额外的特殊功能模块,这里不做讨论。

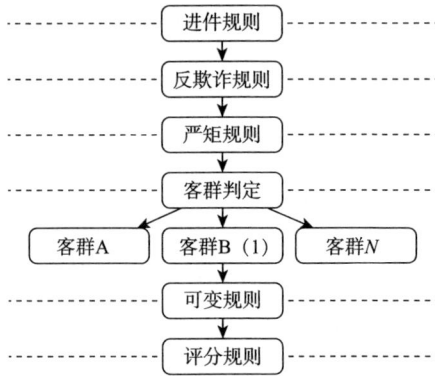

2.1.1　进件规则

进件规则的主要作用是用来定义信贷产品特定的目标客群，比如，房屋抵押贷款的进件规则一般是需要客户有房；助学贷款的进件规则是客户，至少是学生；如果是手机分期贷款，则需要限定客户在指定商户购买手机。进件规则是所有风险策略中全面公开的部分，该规则一般都会涉及线上和线下的渠道推广，如果不明确，会给后面的审核和前端的推广带来很大的困扰；同时，尤其是线下渠道，进件规则其实也是经常被攻击的地方，因为很多进件规则涉及的材料审核会被别有用心的人加以利用。

2.1.2　反欺诈规则

欺诈一般分为两类，即申请欺诈和交易欺诈，其中交易欺诈大多发生在支付、信用卡及类信用卡等产品中，一般贷款类产品主要涉及申请欺诈。申请欺诈通常又分为四类，但它们之间的用时界限并不是非常清晰，甚至有可能是同时发生的。这几类欺诈分别如下：

（1）身份冒用：被第三方冒用身份；

（2）恶意骗贷：指以虚构的事实来骗取贷款；

（3）资料造假：通过资料造假提升自己获得授信的可能性；

（4）用途篡改：部分类型的信贷需要说明借款用途，如果私自改变借款用途，就属于此类欺诈。

对进件规则设计到的风险，通常在反欺诈规则中会有相应的对策，但是实际操作中，可能会发生由于某些信息核实的成本过高，在计算过投入产出比后，放弃相应策略的情况。

反欺诈规则与其他规则有一个比较显著的差异是，由于各种欺诈行为的随机性和多变性，除了通常使用的验证类规则和基于案件进行有监督学习而得到的规则以外，基于关联性和聚集性的监控和防御型规则更为重要。这些基于非监督算法而形成的先验规则的核心就是，随时发现进件客群的任何异动，并及时进行排查，在这种情况下更强调规则覆盖的广度，而不是规则的准确性，正所谓"一力降十会""大巧若拙"。

2.1.3　严拒规则

严拒规则通常是指信贷机构完全不能容忍或防止合规性风险的规则，比如，银保监会明确了校园市场，只能由持牌的金融机构来运营的规定，那么在绝大多数互联网金融机构的策略里，大概率会有语句"if 职业为学生, then 拒绝"类似的规则；再如，规定不能向未成年人提供贷款，那么就会有语句"if 年龄<18, then 拒绝"的规则；又如，有不良记录或犯罪历史的人或者之前就在本金融机构里有过严重信用不良记录的人也会被直接拒绝等。

2.1.4　客群判定

客群判定的主要作用是将客群细分，以便更精准地对客户进行评估，注意这个步骤不是必需的。比如，同样是手机分期付款，买新出的、价格高的手机和买二手的、便宜的手机的人肯定还是有区别的，这时，后面的策略就会根据两种人群的差异而有所不同。

到底客群规则应该选取哪些特征，其实比一般想象的要复杂得多。现在业界通行的做法就是按照进件渠道或明显的行为差异、区分风险的能力来做客群分类，因为这些存在已久的做法是有其合理性的。但在我看来，进件渠道或明显的行为差异是"未经验证的先验假设"；而"区分风险的能力"则是"通过贪婪算法追求局部最优"，都有其内在缺陷。因为在风险规则中做客群的分类一般来说有以下两个目的：

（1）不同客群能取到不一样的数据，而这个数据对风险有显著的区分作用；

（2）通过区分客群，两个客群的客户行为是完全不同的，比如在A客群，变量a特别显著，而在B客群，变量a就不再显著，变成了变量b显著，更极端一点的情况就是a在B客群从正相关变成了负相关。

做一个类比，当一个分析师，变成了一个分析师团队的主管，甚至是更高级别的管理者，那么对于这个分析师的主要要求可能就变成了协调、规划和项目管理的能力。那么对于客群判定规则的要求与一般规则的要求也是不同的。

2.1.5 可变规则

可变规则这个名字我一直没找到合适的词语翻译，在我前司把这类规则叫作"Soft Rules"。这类规则也是整个风险规则中调整频率较高的一类，其作用也很容易理解。当发现一些明显和风险相关的行为特征时，通常倾向把这类特征做成一条规则，但不会像严拒规则一样"一棍子打死"，而是进行一定程度的判断（这个程度是会不断调整的），下面抛砖引玉来举几个例子来说明：

（1）手机号的入网时长；

（2）现在工作单位的工作时间；

（3）最近一段时间信贷申请次数；

（4）目前的总授信等。

2.1.6 评分规则

风险模型终于"出场"了，至于"评分"和"风险模型"有什么区别，本书后面内容会单独讨论。前面提到，可变规则是将一些明显和风险相关的行为特征引入规则中, 因此风险模型的作用就是把一些看似与风险弱相关的变量聚合成一个强变量。

这个作用怎么强调都不会高估它的作用, 因为在绝大多数信贷场景中那种显著到能够直接进入规则的变量是少数, 大家需要模型工具把那些看似没用的变量聚合起来。

评分或风险模型的种类有很多, 后面会详细讨论。需要注意的是, 风险模型通常被认为是非常重要的风险管理工具, 主要原因除了上面提到的将风险弱相关的变量聚合为一个强变量外, 还有一个额外的功能是为整个风险管理提供一个精细化管理的能力。基于模型给每个客户各类行为都有一个评分, 同时这个评分对于用户行为还提供了相当的排序能力, 那么很多原来没法做的事情, 都成为可能。

2.1.7 风险规则和风险模型

通常情况下, 大家认为的风险规则和风险模型就是一些条件 (if-else) 语句、评分卡、逻辑回归或者某个算法, 这么看不能说有错, 但略有一点点流于表面; 风险规则和风险模型, 更应该是一系列基于合理假设通过数据分析进行决策的方法合集。另外, 风险规则从本质上来说其实也是模型。

尤其是这两年, 大家已经逐渐意识到通过数据分析来做决策的重要性, 但未来对数据进行精算可能也会逐渐成为风险管理部门一项重要的工作。举个例子, 现在几乎所有的信贷都是高度依赖外部征信数据的, 但是如何选择外部数据, 其实比想象的要复杂得多。每项数据能为企业带来的价值, 首先不是数据价值本身决定, 而是由数据对于目前决策机制的附加价值 (Incremental Vaule) 来决定的, 而数据的采购成本也是审核成本中的主要部分; 甚至可能由于某项数据的成本影响, 使得其他数据的投入产出比变化, 这本身就是一个值得去建模的复杂问题。但解决这个问题所需的组合技术又与传统的风险建模不太一样, 在后面的章节会有一些简单的讨论。

2.2 决定风险规则是一个最优化问题

对于策略分析师来说，决定风险规则其实就是找到一组规则集，使其能够满足金融机构在未来一段时间的经营目标。那么如果我们把这一过程提炼成数学模型，将会是怎样的呢？

2.2.1 简单的模型

假设有20个可能作为规则的变量（包含评分），而且业务需要把通过率控制在10%以上，坏账率尽可能低，那么这20个变量应该用哪些？对应的阈值又应该是怎样的？为了制定这个规则，分析师选取了在两个月前放款的N个人，同时这些人已经有相对足够的还款表现，那么这个问题可以被抽象成如下一个数学问题：

$$\underset{I,h}{\mathrm{argmin}}\sum_{i=1}^{N}(y_i\prod_{j=1}^{20}(I_jV_{ij}>h_j))$$

subject to

$$\sum_{i=1}^{N}(\prod_{j=1}^{20}(I_jV_{ij}>h_j))>N\times10\%$$

这里，I向量代表某个规则是否会被使用，V矩阵代表在这个数据集中，特定记录特定规则对应的数值，h向量代表该规则对应的阈值，y向量代表每条记录实际的还款表现（1/0，好或坏）。

这个问题可能的解在最简单的情况下有320种可能性，每个变量可能的阈值限定在2个。

2.2.2 加入规则集复杂度参数的模型

当问题被简化到这种程度，这个问题的解会非常不实用，一个主要原因是这个解会被某个或某几个非常强的变量"引入歧途"，有兴趣的读者可以自己试试。在做规则时,有一个观点是希望能够用到反映多方面行为的特征或行为变量,这样这个规则体系会看起来稳定一些(Robust)。为了实现这个目的,引入一个参数ω,这个参数反映了对整个规则体系的复杂程度的期望,同时用相关系数来代表特征的相关程度。

那么再来看一下这个数学问题变成了什么样子:

$$\underset{I,h}{\operatorname{argmin}} \sum_{i=1}^{N} (y_i \prod_{j=1}^{20} (I_j V_{ij} > h_j))$$

subject to

$$\left\{ \begin{array}{l} \sum_{i=1}^{N} (\prod_{j=1}^{20} (I_j V_{ij} > h_j)) > N \times 10\% \\ \mathrm{IDI}' < \omega \end{array} \right.$$

这里的D为距离矩阵,记录所有特征在之前数据集上两两的相关系数。这时不但要对问题进行最优化求解,还要看在不同情况下能够取得的最优解到底与ω有什么关系。

2.2.3　加入数据成本参数的模型

另一个问题来了,万一在规则应用了几个外部数据源衍生的变量,而这个数据的价格又非常贵,这又该怎么办? 这种情况下只能接着添加限制条件了:

$$\underset{I,h}{\operatorname{argmin}} \sum_{i=1}^{N} (y_i \prod_{j=1}^{20} (I_j V_{ij} > h_j))$$

subject to

$$\left\{ \begin{array}{l} \sum_{i=1}^{N} (\prod_{j=1}^{20} (I_j V_{ij} > h_j)) > N \times 10\% \\ \mathrm{IDI}' < \omega \\ \mathrm{IMC}' < B \end{array} \right.$$

M是一个$20 \times K$维的矩阵,我给它起了一个名字叫作映射矩阵,其作用是把选中的若干个变量映射到相应的K个数据源中，C向量（K维）代表了每个数据源的价格，B为能分配给每个申请人的审批预算。如果还要考虑数据源不同的计费模式，以及配置相应的决策流程，那么这个公式还会略微复杂一点。

2.2.4　加入授信额度限制的模型

现在很多金融机构或第三方数据公司介绍时，总会提到一个词"千人千面的用户画像"，在信贷产品中，这个画像的一个最直接的体现就是用户的授信额度和定价。其实这两个问题我在之前一直是回避的，原因是考虑了这两个因素的风险模型和规则实在是太复杂了。比如，规则体系的复杂度和成本预算的假设不变，过件率的要求也不能变，风险也不能升高，但是上司规定了放款规模的上限UL（Upper Limit）和下限LL（Lower Limit），同时，风险的指标变成与业务指标更贴近的金额指标，而不是之前的数量指标，再来看看这个模型变成如下形式：

$$\underset{CL,I,h}{\mathrm{argmin}}\sum_{i=1}^{N}(CL_i y_i \prod_{j=1}^{20}(I_j V_{ij}>h_j))$$

subject to

$$\begin{cases} \sum_{i=1}^{N}(\prod_{j=1}^{20}(I_j V_{ij}>h_j))>N\times10\% \\ LL<\sum_{i=1}^{N}(CL_i)<UL \\ IDI'<\omega \\ IMC'<B \end{cases}$$

这里的CL向量就是每一个客户能够获得的额度。在第四个模型中，解空间已经从320增加到320×4N（这里假设只有四种可能的额度，如5 000、10 000、15 000、20 000），求解此类问题需要非常复杂的专门算法及其对应的运算量，这可能也决定了在绝大多数信贷机构中，主要还是基于分析师的经验来制定一个"差不多满足条件"的风险政策。

2.3　基于用户画像模型的策略框架设想

上面讲到的这种规则和模型的风险决策架构，在业界已经运行了几十年，但本质的架构基本没什么变化，本节主要探讨一下，未来这个决策架构是否有可能升级成一种新的形式。

在大多数情况下，制定风险策略是为了选择相应的特征并且确定阈值，以便能够更好地控制风险、服务于业务、节省成本，以及获取更多的利润。在这个过程中几乎所有的目标都是可以量化定义的，用户在获得授信后的其他行为，也决定了每个授信用户能够给金融机构带来的价值，我给它起一个有特色的名字BUV（Booked User Value）。

2.3.1　风险用户画像

当我们在讨论用户画像的时候，到底在讨论什么？比如，通常认为的线上消费贷款的用户画像如下：

（1）20～35岁；

（2）以男性为主；

（3）遍布全国；

（4）消费比较冲动等。

通过这些画像特征，市场部门可以去定位目标客群、精准的广告投放等；但这些对风险管理来说不能说没用，只能说用处不大。因为一个对于风险管理有效的用户画像应该回答这样一个问题：对用户授信后，用户的行为是怎样的？

用户的每个信贷行为（借款、还款）都直接决定了用户能够带给金融机构的价值。目前对于大部分以消费分期为主营业务的机构，如果在用户授信时能够提前预知如下几个行为，就可以直接决定对用户批准或拒绝，以及对应的产品形态：

（1）授信后一年内的日均在贷余额（Average Balance in 12 Months，AB12M）；

（2）授信后一年内产生的坏账的余额（Bad Balance in 12 Months，BB12M）。

先不纠结为什么是12个月不是更长或更短，这取决于具体的业务形态和业务规模。当然，在事情还没发生时，上面的行为只能用模型来预测，便有如下两个模型：

（1）Predicted AB12M=$F(X,\mathrm{CL},\mathrm{APR})$；

（2）Predicted BB12M=$G(X,\mathrm{CL})\times\mathrm{CL}\times\mathrm{Util}$。

先解释下模型公式中的几个缩写含义：

· CL：授信额度（Credit Limit）；

· APR：年化定价（Annual Percentage Rate）；

· Util：坏账时的额度使用率（Utilization），其实这里也应该有个模型，但为了介绍简单先把这里放一个常数；

X：是各种能够获取到的用户特征变量；

F：预测用户12个月日均余额的模型；

G：预测用户12个月内变为"坏"的概率的模型。

两个函数f和g与传统的申请评分模型最大的区别就是，将用户的定价和额度，都纳入对用户未来行为预测的模型中。因为，机构对用户的额度和定价，其实也会变相反作用于用户的行为；比如，一个本来还不错的用户，当机构给用户过渡授信后，用户可能由于超过了最大偿还能力而变成"坏"用户；再如，如果得到的定价或额度达不到用户的心里预期，那么用户可能完全不会支用额度。另外，假设用户的风险与机构给予用户的定价无关。

那么可以写成如下形式：

BUV=$F(X,\mathrm{CL},\mathrm{APR})\times(\mathrm{APR}-\mathrm{COF})\times(1-G(X,\mathrm{CL}))-G(X,\mathrm{CL})\times\mathrm{CL}\times\mathrm{Util}$

为了简化模型便于理解，这里没有考虑催收成本、获客成本和运营成本。

2.3.2　从用户的行为模型到决策结果

当我们有能力建立上一小节提到的模型后，并且保证一定的模型准确度，那么会对授信时的决策起着巨大的促进作用。

比如，当用户进件时，用户的特征变量是已知的，Util是根据历史数据计算出的常数（当然也可能是第三个模型），COF是实际的数字，那么只需遍历所有合法的CL和APR，就可以得出用户在授信后在一个固定的时间段（如1年）能够带给机构最大的收益，以及这个最大收益对应的CL和APR。

那么，整个的风险决策流从前面的规则串行决策流，变成了如下图所示结构的并行决策流，而且理论上得出的结果会更优。

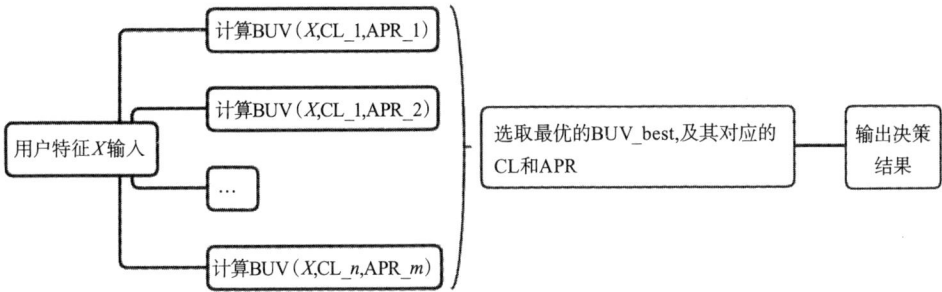

2.3.3　用户行为模型的难点

同传统的风险模型相比，行为模型，尤其是带有额度和利率入参的行为模型有非常大的不同。

（1）样本。由于传统的风险策略中，几乎都是基于用户的风险来确定用户的信用额度，即低风险高额度、高风险低额度；这样做的直接后果是，在选取行为模型的建模样本时，一定会存在样本的偏差，即不知道如果给低风险低额度或高风险高额度，用户的真实行为是怎样的；要解决这个问题，不仅仅要有意识设置一定的测试样本，而且要在确定建模样本后通过给予特定的样本权重，调整样本中的各种指标的分布。

（2）模型的函数形式。传统的风险模型都是二元变量，而多数的行为模型都是连续型的因变量，但这种情况下，如果直接应用线性回归，则模型的精准度很可能较低，而直接应用GBDT等机器学习算法，核心的额度、利润等变量与因变量的关系又没有办法进行显式（Explicit）的描述，给决策结果带来较大的操作风险；比较理想的解决办法是，基于对样本数据的深入分析和对用户行为的人为假设，指定目标行为服从某个特定的概率分布F，而CL、APR及用户本身的特征X（这里的X可能是若干参数的一个线性组合，如$X=a_1x_1+a_2x_2+a_3x_3+c$），是这个概率分布的参数，那么当给予客户特定的（CL，APR）及已知用户特征X时，就知道用户可能的行为服从F（CL，APR，X）这个概率分布；然后基于全量的样本，用极大似然估计，即可拟合出最合适的a_1,a_2,a_3，并用F（CL，APR，X）的数学期望来作为对目标行为的预测值。

下面举个例子帮助大家理解。

以用户在未来一年的日均余额举例，日均余额可能会服从如下图所示的概率分布（不一定准确，理解意思就好）。

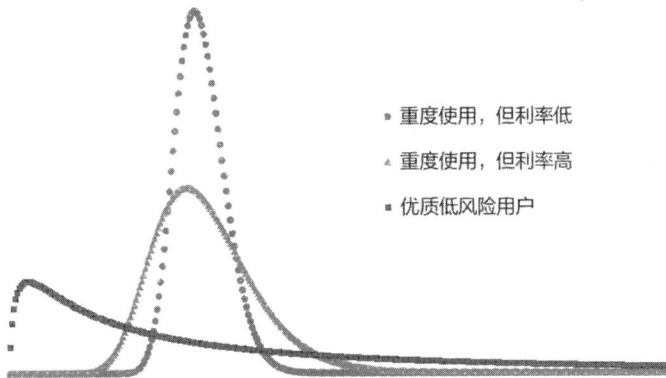

- 重度使用，但利率低
- 重度使用，但利率高
- 优质低风险用户

重度使用用户，他们有很大的概率的日均余额是分布在额度附近的（因为有不断地提额，用户的余额可能会超过用户最初的额度），如果利率低，那么这个概率就会更大一点；如果利率高，则这些客户日均余额的方差会更大一点（因为别的机构利率低，而降低本机构的余额）。

对于很多低风险的优质用户，即使额度相同，他们大概率也会借得比较少。

如果能够基于现有数据验证上面的行为假设，那么其实客户的日均余额是服从"对数正态分布的"。

设是取值为正数的连续随机变量，若 $lnX \sim N(\mu, \sigma^2)$，$X$ 的概率密度为

$$f(x, \mu, \sigma) = \begin{cases} \dfrac{1}{\sqrt{2\pi}\sigma} exp\left[-\dfrac{1}{2\sigma^2}(lnx-\mu)^2\right], & x > 0 \\ 0, & x \leqslant 0 \end{cases}$$

则称随机变量服从对数正态分布。

这里第一个参数就是额度（CL），而用户的特征和 APR 共同决定了第二个参数，那么 sigma=b×APR+a_1x_1+a_2x_2+a_3x_3+c，只需拟合 a_1-a_3、b、c 这些参数，即可知道每个客户在不同情况下的余额分布。

特别需要注意的是，对数正态分布的期望和方差与正态分布不同，不是上面那两个参数，而是：

$$E(X) = e^{\mu + \sigma^2/2}$$

$$D(X) = \left(e^{\sigma^2} - 1\right)e^{2\mu + \sigma^2}$$

2.3.4 行为经济学

行为经济学是作为实用的经济学，它将行为分析理论与经济运行规律、心理学与经济科学有机结合起来，以发现现今经济学模型中的错误或遗漏，进而修正主流经济学关于人的理性、自利、完全信息、效用最大化及偏好一致基本假设的不足。

在做风险分析时，一个重要的工作就是研究用户特征和用户行为之间的关系，模型和策略只是量化地描述这些关系，但很多时候，分析师在分析用户行为时，潜意识中用的都是"理性人"假设，这常常会造成一些认知上的偏差。以我非常粗浅地观察，在当下的社会中，大部分的法人都是"理性人"，而自然人在做很多日常决策时，是很难用"理性人"假设去理解的。

明白了这一点，并有意识地学习一些行为经济学的基本理论，能够帮助大家更好地理解用户行为，并用量化的方法描述它。

2.4　风险模型评分在风险政策中的应用

上面介绍了风险模型评分是一个将很多弱变量聚合起来的工具，因此将评分应用在风控规则中和将其他特征应用在风控规则，从分析方法上来说没有本质的区别，毕竟评分的区分能力要强过大多数一般特征，也凝结了模型人员的很多心血，在分析模型时通常更细致和深入。

2.4.1　降低存量规则授信人群的逾期率

这是一个相对来说比较容易完成的任务，只需将历史上通过授信且有还款表现的人群按照评分排序后，按照不同分数段分组，依次判断各个分组人群的逾期率是否能够达到风险要求；但要注意误判率需要被控制在一个合理的水平。如果发现无法在将误判率控制在一个合理水平的前提下，找到一个可以拒绝的分组，那么通常说明该评分在这个场景或客群下是无法应用的。

具体操作如下。

先做一个假设，即不对现有的规则体系做调整，只是加一条额外的评分规则，以牺牲一点点通过率为代价，降低授信人群的逾期率。当然是否能实现这个目的，取决于评分的区分能力。

另外，大家印象中的评分大都是像芝麻分那样，几百几百的数量。但实际情况是几乎所有的数理评分模型的原始输出，都是一个概率值，也就是用户在授信后发生逾期的概率（介于0~1），一般使用的内部评分，也是这个概率评分（见下图）。

在这个例子中，有1 965个通过之前审批规则放款的用户，其中有152个逾期了，逾期率约为8%。现在有了一个评分模型，希望通过应用这个评分模型，将逾期率降低一些。

户数	最小评分	最大评分	未逾期客户数	逾期客户数	区间逾期率	倒序累计逾期率
98	0.14	0.22	64	34	35%	6%
98	0.11	0.14	69	29	30%	5%
98	0.10	0.11	84	14	14%	4%
99	0.09	0.10	86	13	13%	4%
98	0.09	0.09	81	17	17%	3%
98	0.08	0.09	93	5	5%	3%
98	0.08	0.08	93	5	5%	3%
99	0.08	0.08	94	5	5%	3%
98	0.07	0.08	92	6	6%	2%
98	0.07	0.07	95	3	3%	2%
98	0.07	0.07	96	2	2%	2%
99	0.06	0.07	93	6	6%	2%
98	0.06	0.06	95	3	3%	1%
98	0.06	0.06	92	6	6%	1%
98	0.06	0.06	96	2	2%	0%
99	0.05	0.06	98	1	1%	0%
98	0.05	0.05	97	1	1%	0%
98	0.05	0.05	98	0	0%	0%
98	0.04	0.05	98	0	0%	0%
99	0.03	0.04	99	0	0%	
965			1813	152	8%	

第一步工作就是根据模型评分从高到低（风险从高到低）排序，然后将所有客户分为人数相等的20组。当然，在人数更多的时候可以分得更细，人数少的时候分得更粗，灵活掌握即可。此时，前五列（不包含序号那列）就很明显了，分别是每组有多少人、每组的最高分、最低分、每组有多少合格客户、多少不合格客户。第六列也比较好理解，就是每个分组对应的逾期率。

比较晦涩的是最后一列，倒序累计逾期率。先把H2单元格中6%的Excel计算公式列出，如"sum(f3:f\$21)/sum(b3:b\$21)"。

这个数字的物理意义是，当拒绝分数最高的这组到当前这组的所有人后，剩余的人的逾期率是怎样的。比如6%的意思是，当拒绝了分数最高的第一组的5%的人后，剩下的人逾期率变成了6%；再如H4单元格中的4%，意思是当拒绝了从组1至组3的15%分数最高的人，逾期率就下降到4%。

一般情况下，在这张表中需要考虑以下两个指标：

（1）每个单独的组对应的逾期率，是否可以赚钱或者至少不赔钱？（区间逾期率）

（2）为了将整体的逾期率控制在某个水平之下，要额外拒绝多少人？（倒序累计逾期率）

作为一个策略分析师，要完成以下两件事：

（1）将赚钱或者不赔钱，转化为具体的逾期率指标。一个有实际指导意义和说服力的转化过程，需要非常了解当前这个信贷产品的费用结构、利润构成以及企业主要的成本支出等方方面面的情况，并且基于这些做出合理的简化和假设。

（2）额外拒绝多少人，这个相对来说比较简单，只要根据这个表找到数字即可。

2.4.2　在不提高逾期率的前提下，提高通过率

与上面分析不同的是，随着提高通过率，必然意味着在进行分析时，要引入一个之前并没有真实授信（还款表现）的人群。因此需要引入与研发信用评分时类似的"拒绝推断"的技术，去推断该人群的逾期水平。因为拒绝推断的内容比较复杂，这里不详述。

在通过拒绝推断（或者历史上曾经有过的相关人群表现）获得全量样本的还款表现后，相对来说，完整的方法是将所有被可变规则拒绝的人群拿出来（在同一个客群判定规则下），基于风险模型评分进行排序，不同的是，刚刚挑选阈值时，是从评分低（逾期概率大的客户）往评分高（逾期概率小的客户）依次看，现在则需要从评分高往评分低的分组来依次看，是否在引入额外的用户后，整体的逾期水平或者额外一小群人的逾期率，能够达到风险控制的目标。

当然，在实际工作中要解决的问题会比上述的两个场景更复杂，但是通常也要同时兼顾上面两个任务。在这种情况下基本的原理还是相同的，只不过需要将上面的两个方法综合起来应用，同时还会涉及将业务目标转化为逾期率，进行利润核算等问题。

2.5　谨慎地使用数据驱动的风控规则和模型

"Trust but verify"（信任，但也要查证），放在这里的解释我觉得非常合适。

2.5.1　什么是数据驱动

数据驱动,就是基于数据分析的结果来做出业务决策和制定相应的风险规则。先不论数量的问题,仅仅数据本身就蕴藏着很多的悖论和陷阱,后面会有讨论。

相对于"数据驱动",应该叫作"业务驱动"或"信贷逻辑驱动"。它们的区别就是"数据驱动"关注"相关关系",但"业务驱动"更多关心"因果关系"。在信贷业务中,能够广泛被大家认可的"因果关系"主要有:

(1)通过收入评估推断偿债能力,收入越高风险越低;

(2)通过负债来判断,负债越少风险越低;

(3)通过历史的信贷记录来判断,记录越好风险越低;

(4)通过借款用途来判断,用途越明确风险越低;

(5)通过抵押物来判断,抵押物的价值越高风险越低。

当然还有很多其他的因果关系,这里不一一列举,相信大家也能看出,这些朴素的金融逻辑与潜在风险之间存在很强的因果关系,因此在绝大多数传统的金融机构,都是通过对此类信息的判断来推断借款人的风险。这些规则是千百年来被人类社会实践所验证过的,也许只要市场经济存在一天,这些规则对于信贷的判断就永不会过时,而只要严格按照类似的规则来对借款人进行审核,借款人的风险一定会在一个可控的范围内。但这些信息从大多数互联网实时的场景中获取难度大,成本高。

近年来,随着大数据、人工智能等技术被神化,以及数据获取成本、难易程度等多方面的原因,"相关关系"逐渐被应用到信贷审查的流程中,通常"相关关系"是指那种通过数据分析发现的某些与风险相关的指标,此类关系受限于数据量、经济环境等因素,在实际业务中的稳定性,比较难保证或者需要严密的监控。由于信贷业务获取还款数据的滞后性,通常还需要一些基于业务逻辑的预判才能更好地运用这些相关关系。

"因果关系"和"相关关系"其实各有优缺点:一个稳,一个准,本来它们的结合可以更好地促进业务的发展,同时对于相关关系的深入研究,来发现其中的因果关系，可以更好地促进对于借款人行为的理解，将其转化为"因果关系"，但近些年来，在业界有着过分强化"相关关系"而忽略"因果关系"的趋势，这样做蕴含着极大的风险。

2.5.2 建立完善的风险政策和模型管理制度

从大的思路上来讲，应该正确地掌握好因果关系和相关关系的平衡，用因果关系严守金融业务底线，用相关关系更好地指导和促进因果关系的认知和运用。

1. 完善工作流程

完善的工作流程分为研发、验证、评审、部署、校验、应用监测等环节。

（1）研发。通过数据分析、调查走访、案例分析等发现具体风控规则或模型。

（2）验证。通过历史数据或业务经验，对规则或模型进行各种维度的校验，这里不仅仅包括那些很多人都不知道到底是什么的KS、AUC等，也包括对模型的解释和业务逻辑验证。

（3）评审。在模型经过充分的验证后，最好由各相关部门人员（一般是负责人）组成风险委员会对模型进行全方位的评审，兼听则明，偏信则暗，当大家从不同的角度对模型进行评估时，往往能对规则或模型的潜在风险有充分的认知。

（4）部署。如果是系统审批，则需要将规则或模型的逻辑转化为计算机代码，以支持实际的业务。

（5）校验。校验主要是为了保证在系统中运行的逻辑与规则或模型设计逻辑是一致的，避免由于数据源、软件逻辑、沟通偏差等原因造成模型没有被正确部署。

（6）应用监测。当规则或模型在实际业务中运行时，对模型进行严密的监控，以便及时发现问题，修正模型。

在实际业务中，以上的每个步骤都会对模型的正确应用产生很重要的影响，但实际上，上面的很多步骤会被简化成模型研发和模型部署两步，这其实就不仅仅是"不谨慎"了，而是"草率"了。

2. 建立完善的风险政策和模型档案制度

档案制度是管理制度中很重要的一部分,但这对于很多初入职场的新人却是很烦琐的事情,我也不例外。但随着公司人员的变动,岗位轮替等,才逐渐意识到制度和模型文档的完整和流程可追溯的重要性,也是业务持续运行,降低风险的重要保证。同时,每做好一个项目,通过写文档的过程,能够帮助我们理清在整个开发过程中的思路,有机会发现很多改进的空间,从而不断地进步。

3. 对于数理模型的解释

逻辑回归及评分卡模型的解释性自不必说,大家通常的认知是包括各种集成树算法(GBDT、XGboost、LightGBM等)在内的算法是一个黑盒,那么运用这些方法是不是就是"不谨慎"呢?毕竟用一个你看不见或看不懂的东西总是有很大的风险。

其实不是这样的,正如我们看不见风,但可以通过树叶的摆动来判断风的存在;看不见电,却可以测量电压和电流;无法证明广义相对论,但却可通过探测引力波来验证广义相对论。

虽然机器学习算法的显式表达式从表面上看已经超出了人类所能认知的范围,但是通过蒙特卡罗模拟等一些数学手段,还是可以评估或是解构这些模型中X和Y的关联关系,具体内容后面会讨论。

2.6　小结

本章简单归纳了行业中一般机构的基本策略结构以及每个模块的作用,进而讨论了如何将制订策略提炼为一个多目标优化的数学问题;而后根据这些年做过的一些项目,简要讨论了我设想的可能更好的策略框架;最后简要地讨论了风险模型在策略中的应用和一些注意事项。那么下一章就来讨论所有规则和策略的基础——风险目标,是如何被定义出来和进行量化描述的。

第 3 章

那些可以被度量的风险

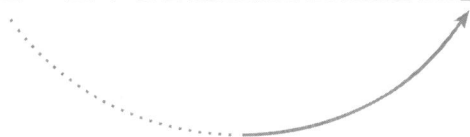

风险模型是金融机构用来量化的评估客户风险或价值的数据公式如下：

$$y=f(x;p)$$

本章着重要介绍的就是这个 y——风险。

3.1　逾期

对于一笔贷款来说，最大的风险就是客户（绝大多数客户）是否能按时足额偿还利息和本金。从实际操作来说，一定会有客户做不到按时足额还款，一旦客户不能按时足额还款，对于金融机构来说就是一个风险事件。通常来说，把这种未能按时足额还款的行为叫作逾期（Default 或 Delinquent）。但不是说客户一旦逾期，就再也不偿还这笔贷款，虽然随着逾期时间的不断增长，偿还的可能性也会越来越小。

为了更清楚地描述逾期风险，通常按照逾期时间的长短来定义逾期的等级。以约定的还款日（Due Day）为基准时，以30天为界来定义逾期的等级时，就得到了如下表所示的表格。

状态	缩写	通常叫法
不逾期		M0 Current
逾期 1 天	1DPD	自然入催，首日逾期
逾期 1～29 天	1-29DPD	M1, C1
逾期 30～59 天	30-59DPD	M2, C2
逾期 60～89 天	60-89DPD	M3, C3
逾期 90～119 天	90-119DPD	M4, C4
逾期 120 天以上	120DPD +	M5+, C5+

Q: DPD是什么意思？

A: 因为还款日通常叫作Due Day，所以逾期有时也叫作Past Due。那么逾期 X 天，表示为 X days past due，然后就简写成 X DPD。

Q: C1、C2是怎么来的？

A：因为在各种信贷产品中，通常都不会一次结清本息，而是按月进行分期还款，客户每个月都会在固定的日期进行还款，有别于自然月（Month）的概念，大家会把从这个月的还款日，到下个月的还款日中间的这30天（也可能是31天或28天）叫作一个周期（Cycle）。

Q：经常听到有人说M2是5%，到底是什么意思？

A：准确答案是什么都有可能，但都是指逾期率。为了让这个数字指向一个特定的指标，还需要讨论下面几个问题。

3.1.1 人数和金额

人数和金额的差别最好理解，因为每个人的额度、需求和使用习惯都不太一样，所以每个用户的在贷余额、应还金额都不同。当分别用逾期金额或逾期人数为口径计算逾期率指标时一定是不同的。但需要注意的是，在日常工作中，不仅仅要注意这些指标的绝对值，更要注意人数和金额指标差距的变化趋势；一般来说，在授信策略中，一般会给予风险（预测）相对低的客户更高的额度，但风险更高的用户通常又会有更高的额度使用率。由于这些因素的存在，不同公司的经营策略和信贷策略，是没法说谁一定比谁高或低，但一定要注意这两类值的差值。当这个差值在逐渐缩小或扩大时，一定要引起足够的重视，这说明授信策略或用户行为正在发生着一定的变化。

3.1.2 逾期率和资产占比

这两类指标有时也被称为延期指标或即期指标。

1. 资产占比指标

资产占比逾期率（Vintage）相对好解释，每笔贷款应该是属于且仅属于下面的几个状态中的一个。

（1）未到期；

（2）已结清；

（3）M1;

（4）M2;

（5）M3;

（6）M4;

（7）M5+（所有超过M5的逾期，统称M5+，同理还有M2+、M3+等）。

那么M2资产占比就为：

分子：M2的资产或M2的人数。

分母：所有资产或所有人数。

因此资产占比逾期率就是所谓的即期指标，也就是在观察时点能够实实在在观测到的指标，这个指标也是上市金融企业通常公布的指标，这个指标直接反映了每个机构当前资产的构成。

2. 逾期率

逾期率（Vintage），即所谓的延期指标，是衡量一家金融机构风险管理水平最直接的指标之一，它是指在某个特定时间段内的新增资产，在未来一段时间内满足某个逾期口径的资产占比。这个指标不像上面的资产占比指标会受到较多因素的影响，比如在业务上升期，资产占比指标看起来比较低，因为只要未到期的金额增长的幅度超过M2金额的增长幅度，那么M2资产占比就会一直下降，这样会掩盖很多问题，但逾期率Vintage就直接得多。逾期率Vintage就是某一个特定时间内放出的所有贷款，在一个固定的时间期限内发生逾期的比例。但逾期率Vintage指标最大的问题是需要相当长的观测时间。

在计算逾期率Vintage时，有以下两项重要的工作。

（1）对齐。是指在计算逾期率时，要把所有贷款的时间都统一，以一个月期限，一次性还本付息的借款为例，在需要计算2017年3月所放贷款的M2逾期率时，是不会分别计算每一天的逾期率的，而要把3月所有的贷款，在到达还款期后的30天内的还款表现标记出来。因此在不同日期，观测还款表现的日期不一样。3月1日下放的贷款，还款表现期是3月31之后的60天，而3月15号放的贷款，还款表现期是4月

15日之后的60天。从这个意义上讲，要将所有不同的"绝对"日期，对齐到一个"相对"的日期，即还款（Dueday）之后一个固定的时间窗口，这个时间窗口被称为"表现窗"（Performance Window）；而不同的放款日，被称为不同的逾期率Vintage，所以这种计算逾期率的方法，称为"逾期率Vintage"。

（2）切片。在计算这种"Vintage口径逾期率"时，为了保证计算的公平和准确，要求所有用来计算的贷款，必须要有同样的表现窗（Performance Window）；同时，由于M2指代的不是一个具体的天数，这时会带来一个问题，要用M2中的哪天？在业务实践中，一般使用M2中的第一天，也就是当一笔贷款只要逾期超过30天，就会把它计算为M2逾期率的分子。这个行为特别像涮火锅时，把一块肉（M2的时间段），切成薄薄的一片。选取一天，因此这种做法就被称为"切片"（Slice）。在这个意义下的M2逾期率，其实是60DPD逾期率（DPD为Days Past Due简称）。

"切片"这个词来源于生物学，因为在用显微镜观察生物结构时，都要把样本组织切成薄薄的一片；在统计学中，有时也将变量分组，称为切片。

3.1.3 曾经和截止

当客户只是把M2期间产生的逾期费还清了，这时这个客户应该算M1还是M2？

这个问题其实没有标准答案，不管采用哪种算法，有一个事情要明确一下，即大家是以客户曾经出现过30DPD就把客户认定为M2，还是在观察的这一个时点，客户是M2就是M2？前一种做法一般叫作曾经（Ever）口径，后一种做法叫作截止（As Of）口径。

曾经（Ever）口径通常用在策略和建模的过程中，而截止（As Of）口径通常用在观测特定时间所有新增交易的资产质量，具体原因本章3.2节内容会介绍。

3.1.4 分析中常用的逾期定义

在分析师的日常工作中，常常会用到如下几类逾期的定义（不同公司的可能略有差异）。

1. 订单维度的首次还款逾期（FPDx）

首次还款逾期（FPDx）是时效性最强的逾期定义，既可以用来定义早期风险做相应的分析，也可以用来观察在某段时间新增交易订单的早期风险。这里FPDx的x可以是1~30中的任何一个数，常用的有1，2，3，7，10，15，20，30。但需要注意的是，从首次还款逾期，到用户生命周期坏账，中间有很长的时间，存在一定的变数，而且FPDx指标相对于后面的两类指标，波动性较大，容易收到节假日等因素的影响。

2. 用户维度的固定观察窗逾期（ever x+@MOBw）

这里MOB的全称是Month-on-book，指用户在获得授信后的w个月内曾经发生过x+逾期。它相对首次还款逾期指标更稳定，而且随着w的增加（观察窗的增加），更能反映用户的真实风险，缺点是该指标相对滞后；需要特别注意的是，这个指标的观测单位是用户，而不是订单，因此多用在决定用户是否授信的分析环节中。

3. 订单维度的固定观察窗逾期（x+@MOTw）

这里MOT的全称是Month-on-transaction，指用户的借款订单发生后的w个月内曾经发生过x+逾期或在第w个月末是否处于x+的状态。前一个曾经（Ever）口径多用在交易相关的分析环节，而后一个截至（As Of）口径多用在观测特定时间区间内新增交易订单的风险质量。

什么是因变量？因变量（Dependent Variable）是函数中的专业名词，也称函数值。函数关系式中，某些特定的数会随着另一个（或另几个）会变动的数的变动而变动，就称为因变量。

例如：$y=f(x)$。此式表示为：y随着x的变化而变化。y是因变量，x是自变量。

做风险模型的主要目的是量化的评估用户风险，手段就是建立一个函数关系，这个函数的右侧自变量部分，就是那些在客户申请时能够掌握的信息，这些信息可能包括客户的年龄、性别、收入，目前的负债以及历史上的各种行为（见下图）；而这个函数的左侧，也就是因变量，就是这个客户在对其授信后，未来发生逾期的可能性。

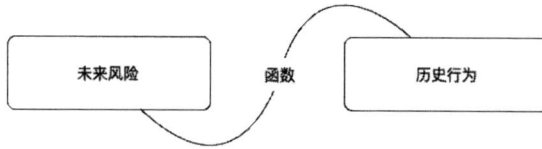

所以说这是一个高科技预测行业其实也没错，就是在用历史预测未来，这与古往今来那些号称神机妙算的人做的事情其实也没什么两样，都是根据已经发生的事件提炼知识，然后把这些规律性的知识应用到未来的实践中。一般来说，做模型可分为四个步骤，如下图所示。

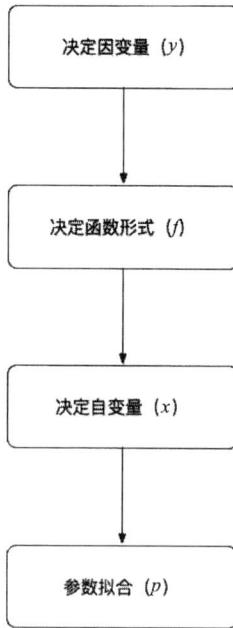

上图对应的四个步骤，也就是前面$y=f(x, p)$中的四个部分，这张图所决定的数学建模的步骤，不是随便定义的，更不是什么经验步骤，而是由数学建模本身决定的。关于这个步骤会在第7章和第8章中详细解释。

3.1.5　决定因变量的原则

本质来说决定因变量就是决定因变量的三个维度，如下图所示。

对于大多数做过策略和模型的人来说，这个问题也许就不值一提，不就是用1来代表坏人，用0来代表好人，然后运行逻辑回归，后者再调用一个XGboost库就可以了么。

1. 类型

主要的 Y 都可以分为以下三种类型：

（1）连续型变量（Continuous Variable）表示变量的类型为连续型，取值可能是1、9.8或123.5，因为在观测逾期时，能够观测到客户具体逾期时间。

（2）序数型变量（Ordinal Variable）是一个一个的，但是又有一些顺序关系的变量，最直观的例子就是在做很多调查问卷的时候，答案中有"强烈不同意、不同意、中性、同意、强烈同意"；再如M1、M2、M3、M4+这四种状态，就可以定义一个序数型的变量。序数型变量和连续型变量的最大区别是，连续型变量能够进行加减运算和比较，而序数型变量只能进行比较。

（3）二元型变量（Binary Variable）指只有两个取值的变量，在很多计算机语言中叫作布尔型变量，一般是0或1，yes或no等。对于逾期来说，就是是否逾期超过了30DPD、是否逾期超过了90DPD等。

其中，序数型变量和二元型变量又统称为离散型变量（Nonimal Variable），这类离散型的变量（Nonimal Variable）与序数型变量（Ordinal Variable）的差别是，这类离散型的变量的取值之间无法进行比较，如红、黄、蓝。

2. 程度

在定义离散型的变量时会面临决定将哪种程序的逾期定位为1的问题，而离散型变量又是主要使用的变量类型，引起这个问题的本质是连续型变量在离散化过程中会有不同的方案，每一种方案都会产生不同的离散变量。

举例来说就是，既可以把逾期定义为超过30DPD，也可以把逾期定义为超过60DPD，甚至可以是120DPD，但到底应该用哪个变量来拟合模型呢？

3. 样本

在使用连续型和序数型变量的时候（甚至某些特殊的二元变量），通常会涉及一个问题，那些不足够最长表现窗，但是又有一部分表现数据的样本，是否能够使用在模型中。举例说明，假设定义了M1、M2和M3+三种状态（这三种状态一定是互斥的），那就要求至少要有1个月+90天的表现窗（以一个月的产品为例），但在市场环境变化这么快的今天，为了保证这1个月+90天的表现窗，模型中使用的数据都是四个月以前的。

通常的模型框架中，会把这些表现窗不足够的人删掉。但其实可以做得更多，在这种情况下，可能会知道这个人到了M2，但他会不会到M3，因为时间还没到，最终表现还不确定。为了解决这类问题，统计学家引入了这样一个概念——删失（Censor）感觉这个翻译简直就是信达雅的典范。在引入这个概念以后，Y就不是一个Y了，而变成了一对Y。

（1）$(Y, 0)$这种情况叫未删失（Uncensored），意思是这个Y已经有足够的表现期，可以确认Y的状态不会变化了。

（2）$(Y, 1)$这种情况叫删失（Censored），即这个Y的表现期还没有完全结束，目前Y的值只是最新的观测，在表现窗结束的时候还可能会发生变化。

在统计学中，还有一类专门的方法来处理此类问题，即"生存分析"。

3.2 在建立风险模型时如何定义因变量

决定因变量的主要考虑因素有如下三个。

（1）以业务需求为导向；

（2）以区分客户行为为准则；

（3）保证数据量和比例。

3.2.1　以业务需求为导向

这是很重要的原则，也是选择因变量的基础，虽然风险模型的目的都是要区分好坏用户，但在不同的业务中好用户和坏用户的定义不太一样，即使只是想定义一个0-1的二元因变量，用1来代表"坏人"，否则为0，这样可能也有好几种选择。

（1）把自然入催的人定义为坏客户，完全没有逾期的人定义为好客户；

（2）把首次还款账单日逾期超过1天的人定义为坏客户，完全没有逾期的人定义为好客户；

（3）把首次还款账单日逾期超过15天的人定义为坏客户，完全没有逾期的人定义为好客户；

（4）把在借款发生的3个月内曾经逾期超过30天的人定义为坏客户，完全没有逾期的人定义为好客户；

（5）把在借款发生的6个月内曾经逾期超过60天的人定义为坏客户，完全没有逾期的人定义为好客户；

（6）把在借款发生的12个月内曾经逾期超过90天的人定义为坏客户，完全没有逾期的人定义为好客户。

以上所有的定义方式都不能说谁对谁错，只能说哪个更适合当前的业务需求，而且由于企业在经营过程中要考虑方方面面的问题，所以有时会建立多个模型，来预测不同的行为，再将不同的评分进行组合使用。

（1）如果想识别一些早期的风险，那么首次还款逾期$FPDx$指标会用得比较多，而且根本不用的场景和使用习惯，FPD1、FPD3、FPD7、FPD10等指标都经常被用到。

（2）如果需要更准确地判断用户或者订单的风险，往往会采用$ever\ x+@$ $MOBw$或$ever\ x+@MOTw$等指标。

由于决定客户早期逾期或内在风险的原因不同，用定义不同类型的Y，经常可以挖掘出不用种类的客户行为。需要注意的是，做风险决策时，获取决定客户风险（早期风险或长期风险）原因的数据是比较难的，比如，客户每个月的工资，平时是不是一个严谨的人，之前有没有拖欠房租的习惯等，那么其实决策主要依据的是相关关系，而不是因果关系。

这时，有读者就要问了，那些自然入催的人，大部分人只是因为忘记了，并不是一个真正意义上的坏客户，如果把自然入催定义为坏人的坏，是不是很难找到那些真正和"坏"（严重逾期）相关联的特征？

3.2.2　以区分行为为准则

所有的评分或模型都是为了把客户区分出来，所以在定义二元因变量的时候一般会遵循这样一个原则，即让那些被定义为1的人尽可能地看起来和定义为0的人不一样。接上面的例子，如果将自然入催（或者逾期1天）定义为1，那么这个"1"中可能包含以下几种情况：

（1）记性不好的；

（2）暂时还不上钱的；

（3）根本就没打算还的。

而此时对应的0，也就是所谓的"好人"，其实他们与那些定义为1的人能有多大差别呢？在这种情况下，模型就相对难做，没有什么理论推导，请自行体会。

由于没法准确知道谁记性不好、谁是暂时还不上钱，一般情况下只能用实际的还款表现来替代。比如，逾期3天之内可以认为他记性不好，逾期15天是暂时还不上钱，逾期超过1个月而且不接电话是几乎就是不打算还的。

在情况允许时，那些记性不好的和暂时还不上钱的人，其实还可以从这些客户身上获得利润（只是描述客观事实，不掺杂任何感情或立场），但根本没打算还的，这种行为很明显会造成损失，因此为了可以明确地区分用户行为，通常起到重大风险决策的模型都会将比较严重的逾期定义为1。

为了更好地区分用户行为（因为没有严格的理论证明），在实际工作中，有如下操作：

通常模型样本中如上面的讲解，在建模时会把那四种人都包含在模型中，但是为了把中间那些记性不好和暂时还不上钱的这两类混淆视听的人排除，在做特征筛选时，会把逾期在1~30天的人排除在模型样本之外，在找到显著特征后，再回到原来的样本去拟合模型。

上面这个例子涉及一些之前没有讲过的内容，如模型的样本选择、建立风险模型的主要操作步骤等，如果没有认真做过一个模型，可能理解起来有点困难，建议读者在读完全书后翻回来再读一遍。

3.2.3　保证数据量和比例

对于风险模型来说，为了保证模型的有效性，要考虑两方面的因素；一方面是业务需求，毕竟模型的最终目的还是要服务于业务的需求；另一方面，风险模型毕竟是数学模型在实践领域的应用，虽然没有必要像统计学家一样做各种各样的理论推导和严格的假设，但还是有一些基本原则的，这里要讨论的数据量和比例就是一条非常重要的原则。

数据量是比较好理解的，就是做模型和策略分析，至少要保证一定的数据量，否则分析结果很难站住脚，用比较书面的语言说就是需要足够的数据支撑分析和建模。但在实践中有一条比较重要的原则请注意，那就是：

（1）数据量越小，越要注意对模型、分析结果的认定需要进行比较严格的论证，业务的经验会起到比较大的权重；

（2）在数据量比较大的情况下，可以稍微放松要求，但对模型的监控就会更重要，对数据的依赖可以更强。

这个原则的前半部分就是现在比较流行的一个词——"迁移学习"（Transfer Learning），或者大家所说的"业务冷启动"中进行模型或策略初始化中要着重注意的；另外与这个过程比较相关的还有一个词——"半监督式学习"（Semi-Supervised Learning）。

1. 迁移学习

"迁移学习"更像是一个理论层面的方法，而不是一个具体的算法。最好的迁移学习，就是如何能够以最低的成本和最快的时间将之前的经验搬到一个一个全新的业务中，但在这个过程中，可能有一点和模型竞赛不太一样，那就是每次提交可能都会花费好几百万元。说不定我司什么时候办个模型竞赛，更贴近真实的情况，比如给每个团队100万元的虚拟经费，每次提交要花5万元，如果结果变好了，可以退3万元；如果结果变差了，直接再扣10万元，这样的模型竞赛比较有意思。

在保证了数据量之后，在定义因变量的时候还要注意的是被定义为1的那些坏人，在整个模型样本中所占的比例。还是一条经验规律，一般将1的比例控制在3%~5%是一个比较好的比例。注意，这个"好"最直观的体现是在同样的数据条件下，能有较高的KS或AUC（KS和AUC都是行业中用来评估模型优劣的指标）。

2. KS和AUC

在行业中，大家都在说KS值是多少，本章不做详细介绍，只是介绍几个常识。

（1）KS和AUC唯一能被比较的场景是，两个或更多的人将自己的模型放在同一个数据集中计算KS和AUC，这时可以判断模型优劣，这也是绝大多数模型竞赛评判选手水平的方案；在其他情况下这样比较是没有意义的。

（2）计算KS和AUC也也有不同的方法，方法不同，结果会有细微差别。

（3）一般情况下，申请评分的KS都在30%~40%，这个同样是经验数据，但如果有人号称申请评分的KS是50%+，此处必是有蹊跷的；KS虽然是一个0~1的数，但在实际情况下，KS的理论最高值也就在70%~80%，而且这个也是仅仅存在于理论中。

上一节中为了区分客户行为，便于进行特征的筛选，在进行特征筛选时会将那些中间的用户（即虽然有过一些逾期行为，但不足以认定为"坏"用户）删除一样，为了保证1和0比例达到一个相对完美的点，除了通过定义不同的因变量，还可以在进行特征选择时，使用re-weight或re-sampling的方法，将样本中1-0的原始比例进行调整。re-weight或re-sampling也只是一种可供选择的方法，不是在所有时候都一定有效果。

了解了数据量和比例原则，在一般的情况下，通常的选择是在业务的启动期或前期，风险模型的因变量通常会被定义为一个早期的逾期，这样会有足够的数据量进行模型的训练，而且可以进行相对短周期的模型和风险规则的快速迭代；而业务进入稳定期后，则会同时基于早期表现和中长期表现分别建模。

3.3　小结

本章在前文的基础上进一步讨论了在制定风险规则和建立模型时，如何量化地描述借款人风险等级。在实际业务中，即使是同一个客户，在不同描述方法下，所反映出的风险等级也不完全相同，希望能够帮助大家在工作中根据具体的需求找到更恰当的风险度量方法。零售风险分析决策基本依赖的就是统计数据，下一章，我们就来系统地讨论针对一维变量常用的统计方法和一些经常会遇到的陷阱。

第 4 章

你真的懂均值吗

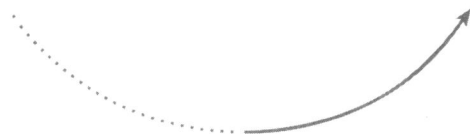

均值只是众多描述统计量中的一个,在日常的分析工作中,比较不同样本之间均值的差异,是基于数据分析指导业务最常用的一个方法,但是由于业务的复杂性,每一个数据分析师都要清晰地认识到,数据可能会由于解读方法不同的缘故,让大家得到完全不同的结论,那么如何才能尽可能地避免这些陷阱,系统地了解描述统计量将是非常重要的。

4.1　描述统计量

描述统计量研究如何用科学的方法去收集、整理、分析经济和社会发展的实际数据,并通过统计所特有的统计指标和指标体系,表明所研究的社会经济现象的规模、水平、速度、比例和效益,以反映社会经济现象发展规律在一定时间、地点、条件下的作用,描述社会经济现象数量之间的关系和变动规律,也是进一步学习其他相关学科的基础。

之前的章节中一直在讨论用数量的方法来描述用户行为,描述统计量就是其中一种工具,它主要有以下作用:

(1)在业务中,可以描述业务的运行情况,经常看到的各种风险报表,都是由描述统计量构成的;

(2)在数据分析中,描述统计量可以将用户行为的面板数据(Panel Data)转化为可被模型或规则使用的宽表数据(Flat File)。一般来说,把通过描述统计量或其他方法将面板数据转化为宽表数据的过程叫作"特征提取"。关于什么是面板数据和宽表,如下表所示。

客户 ID	月份	消费
1	201801	¥100
1	201802	¥200
1	201803	¥300
1	201804	¥400
1	201805	¥500
1	201806	¥600

面板数据如下表所示。

客户 ID	过去六个月平均消费
1	￥350

面板数据：一般有时间标记，或顺序标记，同时每个人有多条记录。

宽表数据：是指每个人有一条数据，但通常有很多列。

至于为什么面板数据在通常的模型中不能直接使用，会在讲解模型的时候详细介绍。这里的"通常的模型中"是指现在行业中普遍使用的逻辑回归或GBDT，以及与它们类似的一些方法；但确实还有一些"不通常用的模型"是能够直接使用这种数据的，这里先不赘述了。

需要注意的是，通常在模型和规则中使用的用户特征分为两类，一类是属性类特征，比如性别、年龄、籍贯等；另一类是行为类特征，比如，过去12月每个月消费情况、还款情况、通话情况等，描述统计量主要就是作用在这类数据上。

再者，描述统计量通常描述的都是某个单一特征，比如总收入、平均额度、平均逾期率，这种针对单一特征或变量的分析，一般叫作"单一变量分析"（Univariate Analysis）。所以，如果以后你算了一个均值，对外千万不能说算了均值，要说："我针对×××变量做了一个Univariate Analysis，然后发现×××"，是不是瞬间觉得自己厉害了好多？

4.2　常用的描述统计量

通常使用的描述统计量有最大值、最小值、平均值、总和；但还有好多能够反映数据某一方面特性的指标，但平时可能不常见到，比如，中位数、四分之一分位数、四分之三分位数、方差、标准差等。很多时候为了让数据变得直观，也会使用可视化的手段，通常与描述统计量相关的图有簇状柱形图（Lustered Column Chart）、折线图（Line Chart）、盒图（Box Plot）、QQ图（QQ-plot）。

4.2.1　平均值

平均值大概是使用频率最高的描述统计量，因为它直观、简单。但为了更好地使用均值，还是要好好地理解它，尤其是均值的弱点。均值的弱点分别是：

（1）极值敏感。这个就很好理解了，但我还是要举这个大家都知道的例子。我所在的公司100个人，人均年收入30万元，这个时候我司被收购，如果把收购方也算成我司员工，那么我们的年收入是不是要翻个几千番？但这个数字其实没法代表公司大多数人的收入情况。一般人，可能看过这个例子笑笑就过去了，但那些有心的读者已经会开始想，这个例子对自己有什么启发。其实很简单，对于每个基层的数据分析师来说，我的建议是，每次你算均值之前，最好要先看一下，最大值、99分位数、95分位数、最小值、1分位数、5分位数，分位数的定义后面会具体讲解。通过这个过程，可以确定做分析的这个数据的平均值，是否有意义。如果你发现了极值情况的存在，那么深入讨论极值产生的原因，说不定会让你有更多惊喜！

（2）数量敏感。描述统计量的一个直观作用，就是用一个数字来描述一个整体的情况，所以经常会用来做两个整体的比较。

4.2.2　辛普森悖论

在统计学上有一个著名的"辛普森悖论"就是由于均值的数据敏感性引起的，在日常基于均值的决策中，由于"辛普森悖论"的存在，稍有不谨慎就会得出与基础事实相悖的结论。

下面来看两个小故事。

案例1：

数理学院每年有 500 个申请者，100个女生，400 个男生，女申请者有80%的可能被录取，男申请者有75%的可能被录取；人文学院每年有200个申请者，160个女生，40个男生，女申请者有20%的可能被录取，男申请者有15%的可能被录取。在每个学院，都是女生的录取率高，但整个学校的录取率却是男生比较高。

具体到每个个体，一定是一个男生或女生，那么在决策有参考价值的数据更应该是男生的录取率或女生的录取率，而不是整体的录取率。但基于整体录取率得到的结论和基于男生或女生录取率的结论是完全相反的。

案例2：

小明得了慢粒白血病，她失散多年的哥哥找到两家比较好的医院，医院A和医院B供小明选择。小明的哥哥多方打听，收集了这两家医院的统计数据，具体如下：

医院A最近接收的1 000个病人中，有900个痊愈，100个去世了。医院B最近接收的1 000个病人中，有800个痊愈，200个去世了。

作为对统计学懵懵懂懂的普通人来说，看起来最明智的选择应该是医院A对吧，病人存活率很高有90%啊！总不可能选医院B吧，存活率只有80%。

但实际的情况很有可能是这样的，医院B的医生更加优秀，所以有更多的重症病人去了医院B，而区分重症和轻症后，医院B的治愈率都高于医院A。

这就是英国统计学家爱德华·H.辛普森（Edward H. Simpson）在1951年发现的"辛普森悖论"（Simpson's Paradox）。在把数据仔细拆开观察后，细节的趋势和整体完全不同（如下图所示）。

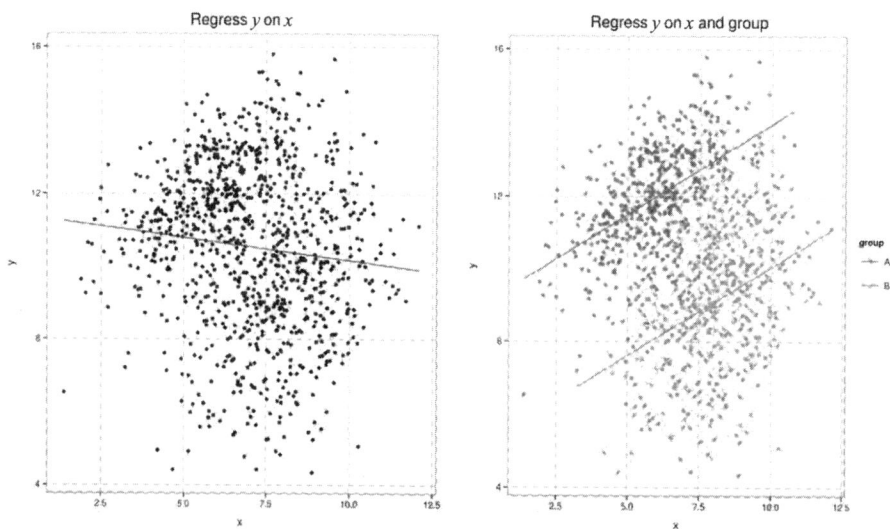

从统计学的观点来看，"辛普森悖论"存在的原因是数据表有一个潜在变量（Lurking Variable），或者也可以叫作隐藏层（Hidden Layer）。由"辛普森悖论"

造成的估计偏差，在统计学中叫作样本选择偏差（Sample Selection Bias）。

在日常的分析过程中，除了一开始就尽量避免样本选择偏差以外，为了避免因为"辛普森悖论"对分析的结论造成误导，通常有以下几种方法：

（1）根据经验，每次的分析结果都要根据几个常见的影响风险或客户行为的变量，将结果进行拆分，如账龄、风险等级、活跃等级等。

（2）基于预先设定的关键变量（同上的账龄、风险等级、活跃等级等），将需要比较的若干样本按照网格重新赋权算法（Grid Re-Weight Algorithm）将各个关键变量的分布调整为基本相似的样本，并重新计算目标变量的均值；或者用广义的Heckman两步法（Heckman Two-Stage Method）估计去修正若干样本的均值。

最后对"辛普森悖论"做一个总结，把样本拆分细一点更可信，因为每个个体总是与那个细的样本更接近。

4.2.3 分位数

设连续随机变量x的累积分布函数为f(x)，概率密度函数为p(x)。那么，对任意$0<p<1$的p，称$f(x)=p$的x为此分布的分位数，或者下侧分位数。简单地说，分位数是指连续分布函数中的一个点，这个点的一侧对应概率p。

上面这段定义是非常精准的定义，但我还是要尝试用实例讲解一下。我先拿最常用的50分位数来解释，50分位数又称中位数，还用本章4.2.1中发工资的例子来说，所有人的中位数如果是12万元，就意味着公司有50%的工资比12万元多，有50%的人工资比12万元少；同理，如果90分位数是20万元，就意味着90%的人工资比20万元少，只有10%的人工资超过了20万元。

如果你看懂了这段话，就会明白，其实可以把最大值叫作100分位数，最小值叫作0分位数。

实际应用当中比较常用的分位数有如下几种：

（1）99分位数、95分位数、1分位数、5分位数这四个分位数通常要和最大值、最小值一起来判断数据集中是否存在极值。判断的标准一般是看最大值是否超过了99分位数或95分位数的一个比较大的倍数，比如10倍或100倍；当最大值超过了99分位数的100倍，那就意味着，数值最大的1%的人，会对整个群体的平均值产生至少一倍的影响，对于数据分析师来说，这1%很可能会把你引向一个完全错位的结论。极小值也类似，不过在行业中由于各种数据的最小值通常是0，所以影响不会那么大。

（2）25分位数、50分位数、75分位数这三个数字通常用来描述整个数据分布情况。有经验的读者看到这些数据，就能把这批数据的大致分布情况勾勒出来。

（3）中位数（Median）是最常用的分位数，它也经常被拿来同平均值进行比较。相对而言，中位数确实不是那么直观，但中位数有它的优势，即它不会被平均。此外，把中位数和平均值放在一起使用的时候，会发现很多妙处，通过中位数和平均值的大小比较，了解到很多信息。

为了简单表示，分位数通常用P××来表示，如$p20$、$p10$等，这里Percentile是百分位数的意思；有时候也可以用Q××来表示，如Q25、Q75等，这里Quantile是分位数的意思。

4.2.4　方差和标准差

方差和标准差反应的是数据的波动性，数值越大说明数据的波动性越大；反之波动性越小。简单来说方差和标准差的区别就是，方差是标准差的平方。

方差（Variance）是在概率论和统计方差衡量随机变量或一组数据时离散程度的度量。概率论中方差用来度量随机变量和其数学期望（均值）之间的偏离程度。统计中的方差（样本方差）是每个样本值与全体样本值的平均数之差的平方值的平均数。在许多实际问题中，研究方差即偏离程度有着重要意义。

在统计描述中，方差用来计算每一个变量（观察值）与总体均数之间的差异。为避免出现离均差总和为零，离均差平方和受样本含量的影响，统计学采用平均离均差平方和来描述变量的变异程度。总体方差计算公式如下：

$$\sigma^2 = \frac{\sum(X-\mu)^2}{N}$$

式中：σ^2为总体方差；X为变量；μ为总体均值；N为总体例数。

其实大家通常以为只有一列数据可以算方差，但其实需要算方差的场景非常多。举例来说，在后面讲线性回归和逻辑回归的时候，当已经确定了X之后，要去估计每个X的系数，用最小二乘法或极大似然估计得到的系数，其实也是有方差的，这个方差越大，就越表明对这个估计的信息不是很足，可能存在很大的波动性。

4.2.5　斯坦悖论

"辛普森悖论"告诉我们在看均值的时候要尽量分解细一点，关注关键变量分布对结果造成的影响，斯坦悖论（Stein's Paradox）则告诉我们在看均值的时候还要关注样本量及其方差。

看下面一个例子：

凯文·杜兰特的投篮命中率是51%；我刚巧被某个NBA教练选中，跑到某个队里管了两个月饮水机，打了几场比赛的时间，5投4中，然后就被裁掉了，我之后能在简历上写上"比杜兰特高29%的命中率"去跟各队要求顶薪吗？

当然不会有教练看重我而不是杜兰特，他决策的依据就是基于一个朴素的原理，在考虑个体优劣的时候，一定要放在一个更大的群体中，考虑他对群体的影响后，再判断个体的优劣。

接着拿杜兰特来举例子，他是所有NBA球员的一个子样本，所以在估计杜兰特的水平时，要考虑到这一点。我是这么做的，因为杜兰特的出手次数占大致NBA所有出手次数的1/200，所以调整后的杜兰特命中率也许会变成(1/200)×51%+(199/200)×25%，这个25%是估算的联盟平均命中率；但因为我的出手次数也许只有联盟的1/20 000，按照同样的算法，也能算出我调整后的投篮命中率。虽然看似这个数据与仅考虑个体时，差得比较远；但是，不知道你发现没有，这时，杜兰特调整后的投篮命中率是比我高的。

以斯坦悖论来看这个问题，尽管联盟中每个运动员都是一个独立的个体，那么想要同时估计这些人的成绩，或者比较大家的成绩，在每个人的成绩里掺一点其他人的成绩其实比单单比较每个人自己的成绩，从统计学上来说更好（平方误差最低）。

用统计学的语言来描述这个现象如下图所示：

假设有个独立的正态分布样本：

$$X_1 \sim N(\mu_1, 1)$$

$$X_2 \sim N(\mu_2, 1)$$

$$\cdots$$

$$X_n \sim N(\mu_n, 1)$$

当 $n \geq 3$ 时，如果考虑是所有 n 个均值的均方误差：$E(\|\hat{\mu} - \mu\|^2)$

那么有比直观考虑每一维度均值的 $(\overline{X}_1, \cdots, \overline{X}_n)$ 更好的估计量，这个估计量不会像上述统计量那样单独处理每一维度，而是将它们整合成如下的估计量：

$$\tilde{\mu}_i = \overline{X} + c(\overline{X}_i - \overline{X}), i = 1, 2, \cdots, n$$

其中 $\overline{X}$ 为所有样本的均值，而 $\overline{X}_i$ 为每个样本单独的均值，c 被称为"收缩因子"，它的计算方法如下：

$$c = 1 - \frac{(n-3)\sigma^2}{\sum(X - \overline{X})^2}$$

这一现象在统计学上被称为斯坦悖论，这个估计量被称为James-Stein估计（James-Stein Estimator），由James和Stein提出，后由Baranchik进行改进。

斯坦悖论带来最重要的两点启发，如下：

（1）在做均值比较的时候，一定要考虑样本的方差，比如，在前面介绍概率论时也讲到了，虽然某只股票历史的收益率还不错，但上下波动却非常大（方差大），这就意味着极大的风险；

（2）比较均值前，可能不需要像本节中提到的James-Stein Estimator做数据处理，但也要考虑极端值和样本量对均值的影响，后面做模型时的封顶处理（Capping）、托底处理（Flooring）也是由此而来。

4.3　常用的描述统计量可视化方法

在很多时候,将复杂的数据,进行可视化的展示,可以更好地帮助我们洞悉数据之间的规律。

4.3.1　簇状柱形图

簇状柱形图(有时也称Clustered Histogram)通常用来比较不同时间段内数据的绝对值,有时也称为直方图(见下图)。

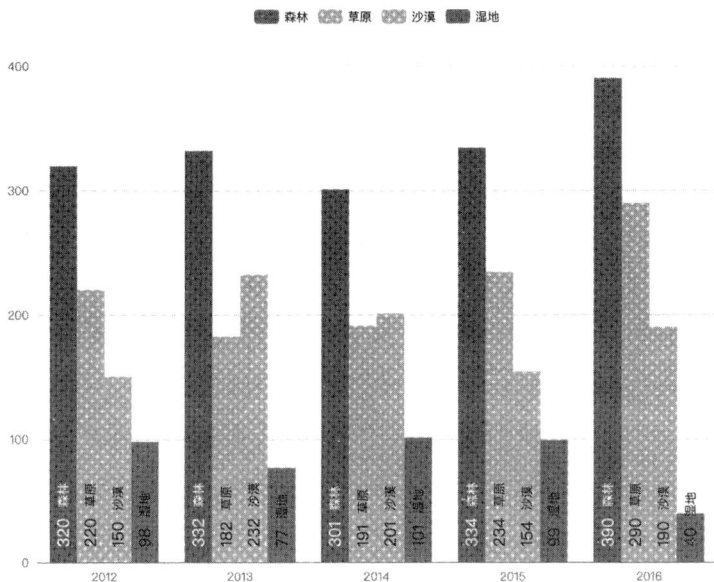

在处理单一变量时,通常按照一定的距离,把这个变量的值分成几组来制图。变量分组在后面介绍虚拟化时会详细介绍。

4.3.2　折线图

折线图同样用来比较不同时间段内数据的绝对值,在比较趋势时更有优势,能够直观地反应某些指标的趋势和指标间的相对大小(见下图)。

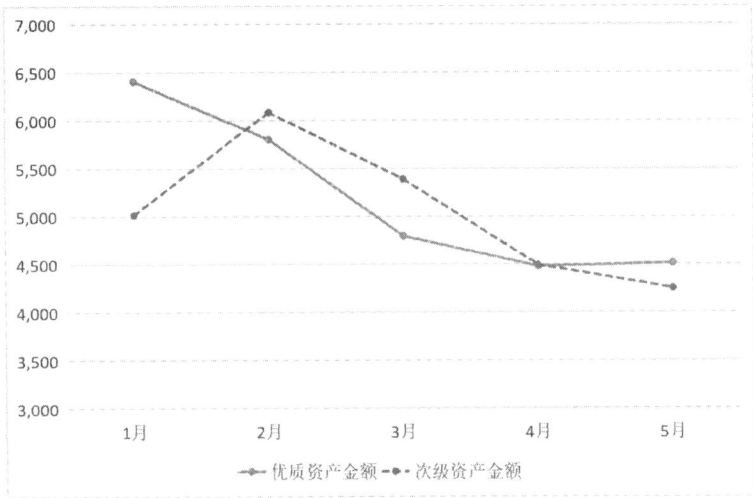

4.3.3　百分比柱状图

百分比柱状图和簇状柱形图、折线图的区别是事先要做一个百分比的处理，它特别适用于比较不同客群或不同分数段，在不同时间段内的差别，通常会和簇状柱形图、折线图配合使用（见下图）。

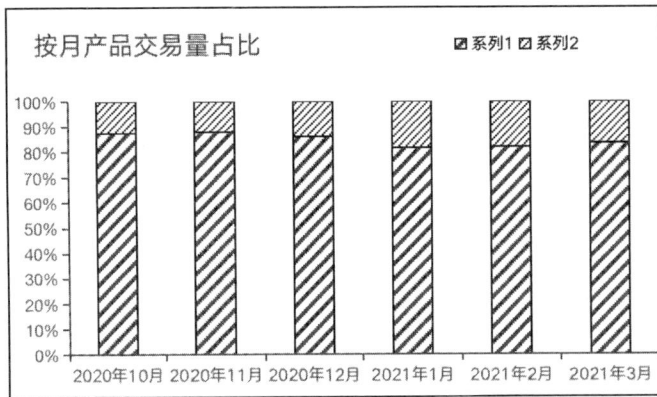

4.3.4　盒图

盒图（有时也称箱形图）的上下两个短横线代表最大值和最小值，中间矩形的上边和下边代表75和25分位数（一般用Q75和Q25来表示），中间那个细横线是中位数，如果在这张图中再加上一个代表均值的横线就更加完美了（见下图）。

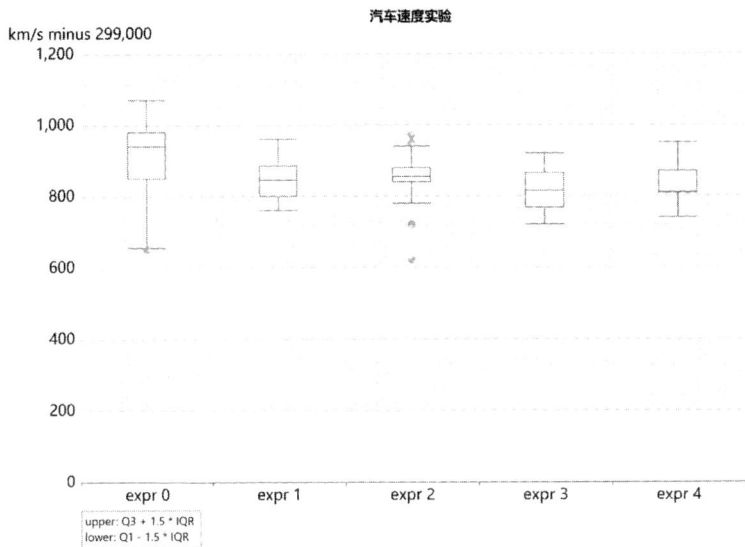

汽车速度实验

4.4　小结

除了一些常规的统计量以外，本章着重介绍了辛普森悖论和斯坦悖论，这两个悖论在日常的工作中经常会误导分析师得到相悖的结论，在解读数据引导业务时要特别注意；另外在实践中，基于海量的监控报表，通过设计阅读友好的可视化图表能够大幅提高我们解读数据的效率。下一章就从一元统计分析进入二元统计分析，看看有哪些数学工具能够帮助我们快速找到量化的风险和借款人特征之间的相关关系。

第 5 章

如何成为一名合格的数据评估员

数据评估员这个名字听起来很接地气，其实完全可以起个时尚的名字，如大数据分析师、风险模型专家等。

本章节讨论的主要问题如下。

如何评价一个字段、一个特征、一个数据源、一个模型的有效性。

这个问题比建模本身要简单一点，但却是制定策略、建模的基础。这个问题主要分为两部分：

（1）如何在数学上评价两个变量的关系；

（2）当其中一个变量是业务中的目标变量，那么两个变量的关系要近到什么程度，才能够指导业务。

5.1　预备知识

在这一小节，我们将讨论一些跟变量或特征评估的基础知识。

5.1.1　二元变量分析

在第4章中，主要讨论的是单一变量、特征的分析，一般管它叫作单变量分析（Univaiate Analysis），俗称"单身狗"分析，毕竟只有一个对象，相对来说简单一点。本章的话题是二元变量分析（Bivariate Analysis），就是来讨论两个变量的相互关系，这两个变量，可以是一个因变量、一个自变量（特征、评分等），也可以是两个自变量，后面也会相应分开讨论。

这个话题在数据分析的工作实践中的重要性通常会被忽略，但是由于以下两种原因需要了解一下。

（1）单变量分析（Univaiate Analysis）是二元变量分析（Bivariate Analysis——的基础；

（2）二元变量分析（Bivariate Analysis）是所有学习（Learning）的基础。

这里学习（Learning）可以是监督学习（Supervised Learning）、无监督学习（Unsupervised Learning）、半监督学习（Semi-Supervised Learning）、深度学习（Deep

Learning)和增强学习（Enhancement Learning）等。

做过模型或用过模型的都知道，风险模型其实就是一种典型的监督学习（Supervised Learning）。

监督学习（Supervised Learning）是一个机器学习中的技巧，可以由训练资料中学到或建立一个模式（函数／学习模型），并依此模式推测新的实例。训练资料由输入物件（通常是向量）和预期输出组成。函数的输出可以是一个连续的值（称为回归分析），或是预测一个分类标签（称作分类）。

简单来说，那种有明确目标的学习，比如要学到什么样的客户是坏客户、或是想先实现一个亿的小目标，或是游戏打通关；与之相对的就是无监督学习（Unsupervised Learning），即漫无目标地学习，指的是自己也不知道想要什么。

那么肯定有人要问了，这种漫无目标地尝试和学习，有什么意义呢？会不会反倒是资源的浪费呢？不是的，不管是社会、某个行业或是某种语言，保持多样性是非常重要的，放弃多样性就意味着放弃可能性。之前提到风险模型就是一种典型的监督学习（Supervised Learning），这句话其实不完全对，因为在建立风险模型的过程中，有一个关键的步骤叫作"特征工程（Characteristic Engineering）"，狭义的特征工程也叫作特征提取，就是找到那些可能作为模型自变量的步骤，这个步骤就是无监督学习（Unsupervised Learning），最理想的就是穷尽各种可能性来代表用户某一方面的特征。

在"那些可以度量的风险"中，介绍因变量（不仅仅是风险因变量）可能出现如下四种类型：

（1）连续型变量（Continuous Variable）；

（2）序数型变量（Ordinal Variable）；

（3）二元型变量（Binary Variable）；

（4）无序列表型变量（Nominal Variable）。

同因变量一样，在这个领域中几乎所有二元分析能够遇到的变量基本都属于上述四种类型，后面会分别讨论这四种变量在做二元分析时，其两两关系一般都是如何处理的。

5.1.2　变量和特征

首先需要明确一个概念，通常说的变量、特征，它们到底指什么。

先来说变量，从字面意思上看，变量就是一个可以变化数值的量化指标，比如所有申请人的年龄。因为每个申请人的年龄有各种各样的可能性，那么这个变量实际上是"随机变量"。随机变量是统计学中的一个概念，是指把现实中的一件事可能发生的结果和实数的集合做了一个一一对应的关系，你没看错，专业角度中的变量，本质上是一个函数或一个关系，而不是一个数。举个例子，性别是男女，这不叫变量，要把男女映射成1/0，才是变量。

这里要引入另外一个概念——事件。除了像年龄、性别这样的属性，其他大部分的用户行为都是一个事件，如某年某月我借了一笔钱，某天我给急救中心120打了电话，某天我登上了一个培训网站。在风险模型和规则中，一般是不会直接使用这些事件作为变量和特征的。用数学的语言来描述，就是在风险模型和规则中可以使用的变量和特征，是所有用户事件集合的σ代数（σ-Algebra）。

在数学中，某个集合X上的σ代数（σ-Algebra）又称σ域（σ-Field），是X的所有子集的集合（也就是幂集）的一个子集。这个子集满足对于可数集合的并集运算和补集运算的封闭性（因此对于交集运算也是封闭的）。σ代数可以用来严格地定义所谓的"可测集"，是测度论的基础概念之一。

用直白的语言来描述，就是穷尽所有的事件组合，所构成的集合才是完美的特征集合。在绝大多数金融场景中，原始的客户事件数据都存储在一个带时间标记的二维表中，这种数据称为面板数据（Panel Data），在一般情况下得到的特征集合，其实都是基本事件的σ代数的子集。同时，将面板数据（Panel Data）转化为可供模型使用的宽表（Flat File/Flat Data）的过程，称为特征提取。

5.1.3　二元分析的主要目的

二元分析根据分析对象不同可能会有如下目的：

（1）因变量–自变量：这里的自变量可以是一个特征，一个评分，可以来自内部的数据来源，也可能是一个外部的数据源，由于因变量的存在，此时既可以用同一套指标和标准来评估不同的自变量，给出自变量显著性的排序；也可以不用指标，来研究同一对变量之间的关系。

（2）自变量–自变量：这种分析即会应用在建模的流程中，来进行降维或诊断模型的有效性；也可以用来分析不同数据的重叠度，主要应用在外部数据评估和模型部署的场景下。

5.1.4　离散化和虚拟化

离散化、把无限空间中有限的个体映射到有限的空间中去，以此提高算法的时空效率。

通俗地说，离散化是在不改变数据相对大小的条件下，对数据进行相应的缩小。例如：

原数据：1,999,100000,15；处理后：1,3,4,2。

原数据：{100,200}, {20,50000}, {1,400}；处理后：{3,4}, {2,6}, {1,5}。

离散化，就是前面提到的变量分组，通常的离散化，就是通过分区间的手段，把连续型变量，变为序数型变量。比如，把精确的逾期天数，划分成M1、M2、M3等；把一天24小时分为凌晨、上午、下午、夜间等。

像小时、分钟、月份、星期这些变量，看似它和实际的连续型变量差不多，但跟正常的连续型变量有一个很大的区别，即这种变量的值是头尾相接的，比如，周日后面是周一，而不是周八；12月后面是1月而不是13月。这类特殊的连续型变量在统计学中称为循环分布（Circular Distribution），有着特殊的处理方法，在一些特定的场景下需要特别注意。

虚拟化：是指把连续型、序数型或无序列表型变量转化为二元变量的过程，这类二元变量有个特定名称，叫作虚拟变量（Dummy Variable）。比如，把逾期表现定义为M2+和else；把星期几变成weekday和weekend等。

虚拟化和离散化的主要作用就是将连续型的随机变量转变为离散型的变量，

使得连续型的随机变量能够使用那些针对离散型变量的评估方法, 另外在做一些传统的线性回归或逻辑回归时, 通过虚拟化和离散化能够捕捉到一些非线性的相关关系, 后面在讲到模型的时候会详细讲解。

5.2　连续型变量的二元相关关系

连续型变量的二元相关关系在整个分析过程中, 基本属于不被重视, 经常被忽略的, 主要原因就是在风险模型中大概95%的模型都是二元的因变量。但连续型变量的二元相关关系, 通常发挥着基础性的作用, 所以把它放在第一个介绍。

通常情况下, 如果两个连续型变量可以被认定为有关系, 那么需要满足下面四种相关关系中的一种, 分别是:

(1)线性相关;

(2)依分布线性相关;

(3)秩相关;

(4)其他非线性相关。

需要注意的是, 这里的这四种关系的相关性是逐渐减弱的(相对), 这些完全是笔者自己总结的, 甚至连其中两种相关关系的名字也是笔者自创的, 难免有不严谨的地方请读者多提宝贵意见。

5.2.1　线性相关

线性相关是笔者认为最强的相关关系之一, 也就是表示两个变量线性相关的程度。常用的评估线性相关关系的方法有如下三种:

1. 相关系数

相关系数是最早由统计学家卡尔·皮尔逊(下图)设计的统计指标, 是研究变量之间线性相关程度的量, 一般用字母 r 表示。由于研究对象的不同, 相关系数有多种定义方式, 较为常用的是皮尔逊相关系数。

卡尔·皮尔逊

相关关系是一种非确定性的关系，相关系数是研究变量之间线性相关程度的量。由于研究对象的不同，相关系数有如下几种定义方式。

简单相关系数：又称相关系数或线性相关系数，一般用字母r表示，用来度量两个变量间的线性关系。

$$r(X,Y) = \frac{\mathrm{Cov}(X,Y)}{\sqrt{\mathrm{Var}[X]\mathrm{Var}[Y]}}$$

相关系数的主要应用场景是在做一般线性回归或逻辑回归时，诊断自变量之间的多重共线性，在进行变量筛选时应用较少，主要原因是，线性相关是一种比较严格的相关关系，用它来做标准会"误杀"很多变量。

在做一般线性回归或逻辑回归时都要做多重共线性诊断，但很少有人会去思考为什么，可能只是当年在公司带你的那个人这么说而已。

多重共线性是在做线性回归诊断的时候发明出来的一个名词，是指自变量之间有比较强的线性相关关系。

对于每一种数学模型，比如线性回归、逻辑回顾等，其实都有两个要素（这个本来是后面的内容，这里先提一句），分别是函数形式（Functional Form）和参数拟合或参数估计（Parameter Estimator），对一般线性回归来说，它的这两个要素分别是线性的函数形式和最小二乘估计。

有理论推导可以证明,多重共线性会导致最小二乘估计拟合出来的参数的方差偏大,就是多重共线性会导致最小二乘估计这个方法失效,这是做多重共线性诊断的根本原因。对于逻辑回归来说,它所使用的这个参数拟合方法叫作极大似然估计,笔者一直没看到多重共线性导致极大似然估计失效的相关文献,如果哪位读者有请一定发给我。

2. R平方

R平方(R-square)是典型的用模型指标来进行变量相关性评估的方法之一,与这个类似的还有用LASSO或随机森林给出在一对多的变量评估时其变量的相关性。

以R平方为例,此类方案的原理就是将两个(或多个)中的某一个作为因变量,剩余的作为自变量,训练一个模型,用衡量模型的指标作为衡量变量之间相关关系的指标。

在统计学中对变量进行线性回归分析,采用最小二乘法进行参数估计时,R平方为回归平方和与总离差平方和的比值,表示总离差平方和中可以由回归平方和解释的比例,这一比例越大越好,模型越精确,回归效果越显著。R平方为0~1,越接近1,回归拟合效果越好,一般认为超过0.8的模型拟合优度比较高。

由于R平方取值0~1,而且在完美的时候是1,在经济统计中,R平方经常被用作衡量"贡献度"或"解释程度",比如,用过去三十年的第三产业产值对过去三十年的GDP做回归,就大概知道第三产业对于国民生产总值的贡献了。

3. 抽样散点图

用散点图将两个变量点在一个XY的坐标系中,是最直观地反应相关关系的方式,但由于我们都号称自己是做大数据的,数据特别多,所以只好做抽样,否则图上全是点,基本没法看(见下图)。

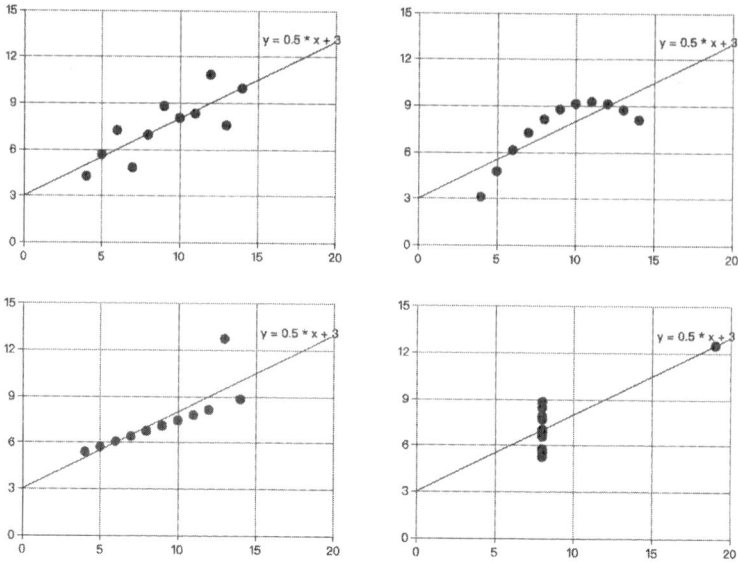

5.2.2 依分布相关

在解释分布之前，先要讲两个概念，分布函数和经验分布函数。

分布函数（Cumulative Distribution Function, CDF）是概率统计中重要的函数，正是通过它，可用数学分析的方法来研究随机变量。分布函数是随机变量最重要的概率特征，分布函数可以完整地描述随机变量的统计规律，并且决定随机变量的一切其他概率特征。

统计学中，经验分布函数是与样本经验测度相关的分布函数。该分布函数是在n个数据点中每一个上都跳跃$1/n$的阶梯函数。其在测量变量的任何指定值处的值是小于或等于指定值的测量变量的观测值的数。

经验分布函数是对样本中生成点的累积分布函数的估计。根据格里文科（Glivenko-Cantelli）定理，它以概率1收敛到该基础分布。同时也存在一些结果来量化经验分布函数与潜在的累积分布函数的收敛速度。

分布函数和经验分布函数的差别就像某平台中的卖家版和买家实际拍摄的差别，即分布函数是理论模型，经验分布函数就是实际观察出的模型。在讨论模型表现的时候，大家都知道要看KS，但很少有人知道为了计算KS，首先要计算分别在好坏样本中, 模型的经验分布函数。

通常情况下, KS是将一个变量分成两组, 然后分别计算经验分布函数后, 比较经验分布函数差的最大值。主要原因是只有两个变量在拥有同样 "量纲" 的前提下计算KS才会比较有意义, 在 "量纲" 不同的情况下, 即使不检验也知道这两个变量是不相关的。

因此在比较两个不用的变量时, 为了从分布的角度考察它们的相关性, 通常的做法是将这两个变量先做 "标准化"（也称 "归一化"）处理, 原理很简单, 就是将这两个变量分别减去自己的均值然后除以方差。经过这样的处理后, 再通过计算KS来判定两个变量依分布相关的程度。所以, 这里的相关, 其实也是在归一化口径下的依分布相关。

5.2.3　分位数图

分位数图（Quantile Quantile Plot Plot, QQ Plot）是将两组数据预先计算好的各个分位数成对地变成二维空间中的坐标, 然后点在图中, 其中两个坐标轴各自代表一个变量。主要是用来比较这两组数目的分布, 如果两组数据的分布相近, 那么图中的点大都会落在45度线附近, 如下图所示。

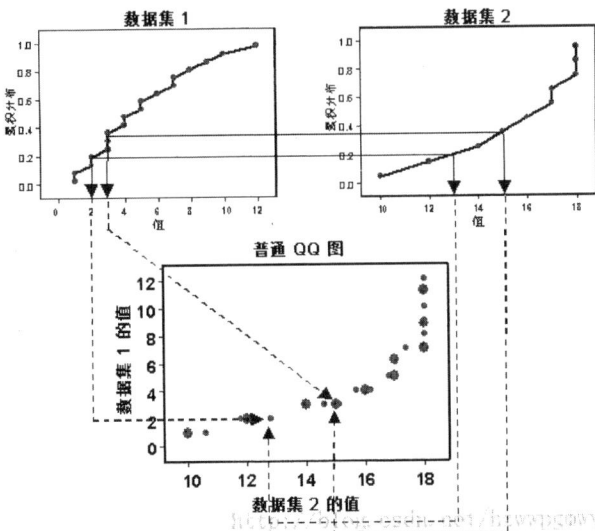

5.2.4 秩相关

秩相关可能大家接触得比较少，从直观来理解，秩相关就是两个连续型变量对于样本分别进行排序，排序的结果可能差不多。后面讲的依分布相关其实是秩相关的一种特殊情况。

在大多数金融业务的场景下，我们最关心的就是秩相关。常见的秩相关的例子并不出现在两个连续型随机变量之间，而通常是一个二元的变量和一个连续型的或其他类型的变量，这个在后面会详细讨论。

针对两个连续型随机变量，评估秩相关的主要手段是非参数假设检验。

假设检验是数理统计中的一个非常重要的分支，它遵循这样一个朴素的思维方法，即"提出假设→根据假设进行推导→获得结论→接受或推翻假设"。拿大家都知道的名侦探柯南来举一个例子，他通常解决一个案件的流程是这样的：

（1）在某个时间点，看到线索、听到线索或灵感浮现，他大概知道了谁是凶手。这个过程叫作提出假设；

（2）当认为某人是凶手时，根据这个人的行为特征或作案条件，他会知道，在某个时间、地点，会留下什么样的痕迹。这就是提出假设检验的统计量；

（3）到那个地方去找证据。这个就根据原假设计算相应的统计量；

（4）证据找到了，那么就说明假设是对了；否则便是假设错了。这就是接受原假设或拒绝原假设，转而接受备择假设。

非参数检验和参数检验的差别主要是，参数检验是对连续型随机变量的分布有一个假设，如正态分布、指数分布等，并且依据这个前提进行推理和计算。这样做的好处是如果前提是对的，那么验证假设的过程会更准确，但前提如果本身就是错的，那么结论可能会错得更离谱；非参数检验就是那些没有前提假设的假设检验，优点是推理会更具有普适性，缺点就是可能在具体的情景下，会丧失一定的准确性。

常用的秩和检验有：符号秩和检验、Wilcoxon秩和检验等，具体实现可自行搜索, 或参考R或Python语言的用户手册。请特别注意, 这里介绍的是连续型随机变量之间的秩相关。

5.3　二元变量和连续型变量的关系

二元变量和连续型变量的相关关系是"谨慎地"使用数据驱动的风控模型中的核心技术; 同时, 这里的连续型变量泛指所有类型的变量, 因为之前讲到的所有二元型、连续型、序数型, 无序列表型都可以通过分组、离散化、虚拟化等技术手段转化为一个理论上的连续型变量。

为了支撑所谓的"大数据风控", 需要将这个特殊的相关关系转化为如下几个范畴的内容:

(1) 从数学的角度评估一个二元变量和一个连续型变量。从风险管理的角度, 最关心的就是用户是否逾期, 就是这个"二元变量", 在前面已经讨论过了; 这里的"连续型"变量可能是一个内部评分, 也有可能是一个外部评分, 更有可能是某个可以量化的用户特征。需要用各种数学指标去评估这个变量对逾期是否显著 (Siginificant), 这里的数学指标可能是一堆数据, 一个表格, 用来深度理解这个二元关系, 当然也可能是将这个一对一的关系简化成一个数字, 用来进行比较和排序, 如大家所熟知的KS、IV等。

(2) 通过各种方法生成或找到一个显著的连续型变量。这就是通常所说的狭义的"建模", 这里要做的主要是三件事: 首先从海量的数据中先把这些可能显著的特征提取出来; 其次从那些海量的特征中找到可能显著的特征; 最后将可能显著的特征或弱显著特征聚合成一个显著特征 (评分)。

(3) 从业务的角度评估一个二元变量和一个连续型变量的效用。当发现一个从数学上对于逾期显著的变量时, 新的任务就是判断这个变量是否适合放入风险规则, 以及如何将这个新的评分或者特征放入已经存在的规则体系中。如果上面的两个任务更像是研究科研的话, 那么这个任务就是科技成果转化, 科研成果转化成生产力可以为企业带来更大的收益。

先讨论的是"从数学的角度评估一个二元变量和一个连续型变量"问题。在整个的流程中，可能会用到如下评估方法。

（1）信息价值IV；

（2）基尼系数；

（3）相关系数；

（4）Entropy（熵）；

（5）KS；

（6）AUC；

（7）混淆矩阵指标族；

（8）ROC曲线；

（9）Lorenz曲线；

（10）模型影响力指标族。

5.3.1 信息价值

信息价值（Information Value，IV）又称信息量，反映单一特征对目标变量的显著性，但由于IV的数值本身没有比较显著的物理意义，因此信息价值IV的主要作用就是根据显著性对特征进行排序。

需要注意的是，由于在各种指标下每个特征的排序可能不会完全一致，而且由于目前尚无严格的理论证明各种指标的最优适用范围，因此使用多个指标对特征进行排序，然后取并集，是筛选特征时常用的手段，避免漏掉一些特征，影响模型的表现。

信息价值IV的主要计算手段是根据特征的不同取值分组，计算每个分组中的子IV，然后将每个组中的子IV求和，每个分组中的子IV计算公式如下：

$$IV_i = (py_i - pn_i) \times WOE_i$$
$$= (py_i - pn_i) \times \ln(\frac{py_i}{pn_i})$$

$$=(^{\#}y/_{\#y_\tau} - ^{\#}n_i/_{\#n_\tau}) \times ln \; (\frac{^{\#}y/_{\#y_\tau}}{^{\#}n_i/_{\#n_\tau}})$$

从直观上去理解,每个子IV有如下特征:

(1)子IV总是大于等于零;

(2)当该分组中好坏的比例与总体好坏的比例相同时,则子IV为0;

(3)当该分组中好坏的比例与总体好坏的比例偏离越大,则子IV越大。

如果所有子IV相加以后的特征IV越大,就意味着这个特征的不同取值从总体来说对好坏的区分越大。对于IV来说可能还需要考虑如下问题。

(1)IV的计算取决于分组的方式,不同的分组方式所计算出的IV会有一些怎样的差异?

(2)IV是由各个分组的子IV求和来的,则IV必然会有一些由求和带来的特性,那么一个偏科同学和各门功课成绩都不错的同学,谁会在计算IV时占优势?

(3)如果用子IV的平均数或者中位数代替子IV求和,设计出IV改1或IV改2,那么用这两个新指标计算出来的IV,在特征显著性筛选方面会有什么异同?或者说为什么不用IV改1或IV改2来计算IV?

(4)是否可通过对那些有足够支撑的子IV进行排序,找到特别有区分能力的特征取值?这么做是否有意义?

上面这四个问题,本人目前还不能给出严格的理论证明,但请大家自己想想看,研究一下,这里全当抛砖引玉了。

5.3.2　基尼系数

基尼系数更多的是从新闻里听到评价一个国家收入差距的指标,但基尼系数的算法,其实也是一种用来判别特征对于目标变量显著程度的指标,只不过基尼系数在一般变量评估及传统的建模流程中不常用,但基尼系数是一种叫作CART（Classification And Regression Tree）的决策树算法,是在对离散型目标变量进行分叉时的主要依据,而CART正是"大名鼎鼎"的GBDT所使用的决策树。

其实像基尼数据一样，很多经典的统计指标和方法在早期都是被生物学家、人口学家、经济学家所证明的，正是因为生物学、人口学、经济学是那个时代的"大数据"。

基尼系数是1943年美国经济学家阿尔伯特·赫希曼根据洛伦兹曲线所定义的判断收入分配公平程度的指标。基尼系数是比例数值，在0和1之间，是国际上用来综合考察居民内部收入分配差异状况的一个重要分析指标。

赫希曼根据洛伦兹曲线提出的判断分配平等程度的指标，假设实际收入分配曲线和收入分配绝对平等曲线之间的面积为A，实际收入分配曲线右下方的面积为B，并用"A÷（A+B）"的商表示不平等程度（见下图）。这个数值被称为基尼系数或称洛伦兹系数。如果A为零，基尼系数为零，表示收入分配完全平等；如果B为零则系数为1，表示收入分配绝对不平等。收入分配越是趋向平等，洛伦兹曲线的弧度越小，基尼系数也越小；反之，收入分配越是趋向不平等，洛伦兹曲线的弧度越大，那么基尼系数也越大。另外，还可以参看帕累托指数（是指对收入分布不均衡的程度的度量）。

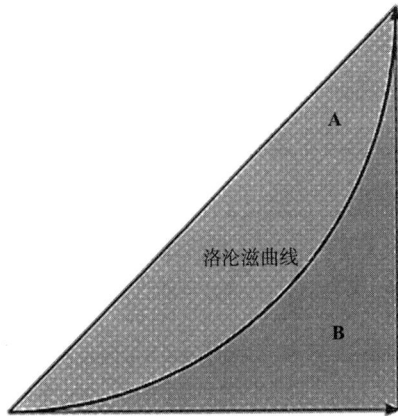

目前不少学者对基尼系数的具体计算方法进行了探索，提出了十多个不同的计算公式。山西农业大学经贸学院张建华先生提出了一个简便易用的公式：假定一定数量的人口按收入由低到高顺序排队，分为人数相等的n组，从第1组到第i组人口累计收入占全部人口总收入的比重为wi，则说明：该公式是利用定积分的定义将对洛伦兹曲线的积分（面积B）分成n个等高梯形的面积之和得到的。

这个数值计算方法，在实践中应用非常广泛，类似于用经验分布函数代替分布函数，以计算KS。

这里需要注意以下两点：

（1）在经济学中，用来排序的指标和累计的指标都是收入，而将基尼的算法引入统计学中时，基尼既可以用来做单变量的分析，主要作用是考察变量取值的集中度；也可以用在二元变量分析上，只不过这时用来排序的指标变成了特征，而累计的指标变成了目标变量；

（2）基尼系数在使用上相比IV的适用范围会窄一些，原因来自算法本身，由于计算基尼系数要先排序，因此基尼系数不支持无序列表型变量，而IV只需做分组，因此完美支持无序列表型变量。

为了让大家更好地理解基尼系数，来看下面几个数字：

根据资料中国国家统计局基尼公布基尼系数2012年为0.474，2013年为0.473，2014年为0.469，2015年为0.462，2016年为0.465；根据西南财经大学教授甘犁主持，西南财经大学中国家庭金融调研中心发布统计报告称2010年为0.61。

在现实中，日本是全球基尼系数最低的国家之一。据共同通信社2013年10月11日报道，日本官方公布的2011年调查报告显示，日本国内基尼系数为0.270 8，创历史新高。据报道，自1984年以来，日本的基尼系数持续上升，此次调查为0.270 8，较2008年的数据增加0.021 8，创历史新高。说明收入较低的老年人及单身者家庭的增加导致差距扩大。据悉，基尼系数是国际上用来综合考察一国或地区居民内部收入分配差异状况的一个重要分析指标，基尼系数越接近1就表示收入分配差距越大。在日本，基尼系数的调查每三年左右进行一次，此次是第16次。日本的基尼系数一般在0.25左右，德国为0.3左右，而美国的基尼系数已超过0.4的警戒线。

接下来我们不评价这些数字的准确性，只是做了一些实验，告诉大家基尼系数分别是0.61、0.45、0.27时收入的差距到底是怎样的。

取100个人，一共让他们赚5 500元，那么收入有如下三种分配方式：

（1）100个人的收入是从1到100，是不是感觉差距已经很明显了，如果放在现实社会中，收入最高的1%已经是收入最低的1%的人收入的100倍，但其实这100个人的基尼系数只有0.33，而日本只有0.27；

（2）100个人中，最富有的一个人挣了2 700元，剩下的99个人一共挣了2 800元，平均一个人差不多是28元。这种情况下，这个整体的基尼系数是0.48；

（3）100个人中，最富有的一个人挣了3 500元，剩下的99个人一共才挣了2 000元，平均一个人也就20元。这种情况下，这个整体的基尼系数是0.63。

其实从上面的例子可以看到，决定基尼系数或收入差距的并不是最富有的人比最穷的人高了多少倍，即使在最后一个例子，也不到200倍；决定基尼系数或收入差距的是，最富有的人占据社会总财富的比例，而在这三个例子中，分别为不到2%、50%和差不多64%。尤其是第三个例子，最富有的1%只占总收入的64%。

5.3.3　Entropy（熵）

Entropy这个指标在做模型时应用相对偏少，但在决策树中，这个指标代表了一类非常重要的分类或叫作分叉思想，也就是通过分叉（根据某个指标的阈值将总体分成几个子集）降低整体人群的混乱度。从ID3开始，C4.5以及之后的演化版本，用的都是它。

Entropy就是在中学化学课本中学过的熵，记得化学老师说过，所有的化学反应，都是由纯净到混乱的过程，同时在这个过程中释放能量，在这个过程中，整个系统的熵（混乱度）在增加。

热力学第二定律（Second Law of Thermodynamics）是热力学基本定律之一，克劳修斯表述为：热量不能自发地从低温物体转移到高温物体。开尔文表述为：不可能从单一热源取热使之完全转换为有用的功而不产生其他影响。熵增原理：不可逆热力过程中熵的微增量总是大于零。在自然过程中，一个孤立系统的总混乱度（"熵"）不会减小。

信息是个很抽象的概念，人们常常说信息很多，或者信息较少，但却很难说清楚信息到底有多少，比如一本50万字的中文书到底有多少信息量。

直到1948年，香农提出了"信息熵"的概念，才解决了对信息的量化度量问题。信息熵这个词是香农从热力学中借用过来的，热力学中的热熵是表示分子状态混乱程度的物理量，香农用信息熵的概念来描述信源的不确定性。

"信息论之父"香农第一次用数学语言阐明了概率与信息冗余度的关系。

这里的熵准确的叫法就是信息熵，在提取信息的过程中，信息熵在不断地减小。举个简单的例子，把50个白球和50个黑球混在一起后，看起来很乱，对于这个简单系统，此时的熵是很大的；当手工挑出10个白球，放到另一堆后，这时新的两堆球的熵之和是小于之前的一大堆球的。

信息熵的计算公式如下：

$$H(U)=E[-\log p_i] = -\sum_{i=1}^{n} p_i \log p_i$$

这个公式看起来与之前讲过的IV的公式有点像，下面通过IV和信息熵的对比，来更好地理解一下信息熵：

（1）IV即信息量，信息量越大，包含的信息越多；而信息熵则相反，熵越小包含的信息量越大。举个例子，有两句话分别是，"明天或者下雨或者不下雨"和"明天一定下雨"；那么后一句话的信息熵明显比前一句小，但它包含的信息量确实是更大的。

（2）与IV相比，熵有一个非常重要的特性——可加性。也就是说，当把人群分成两部分以后，新的系统的整体Entropy就等于两个子集的Entropy之和，但IV却不具有这个性质，根据IV的公式，新的系统IV与原来一样，那么就没有办法通过IV的变化来判定使用这个指标后的效果。从这个意义上说，IV是一个先验的总体指标，主要用来做横向比较，也就是说，IV能带来的信息是"这个指标比那个指标有用"；而Entropy是一个阈值敏感的结果值。可以说，Entropy能告诉我们，用了某个指标和指定了分类阈值，样本的熵将会下降多少，称为"信息增益"。对于熟悉一般逻辑回归建模流程和决策树分叉流程的读者看到这里应该就明白了，为什么在这两个场景下，会分别用IV和Entropy。

5.3.4　变量分箱

前面讲的几个指标都是将两个变量的相关关系进行降维，得到一个单一值。这样做的好处是方便在变量很多的时候进行快速和标准化的检索；然而，变量和变量的关系非常复杂，用单一值去描述，不是特别直观，从本小节开始介绍的分析方法，都是深入研究变量和变量之间关系的方法。

变量分箱（Variable Binning）就是非常常用且直观的方法，其实每个分析师在日常的工作中，接触最多的就是变量分箱分析法，请直接看下表的示例。

账龄	#, obs	bad rate
0	10,000	6%
[1,3]	3,000	8%
[4,6]	7,000	4%
[7,12]	2,000	3%
12+	12,000	4%

如上表所示，可以非常直观地理解账龄这个连续变量和bad这个二元变量之间的相关情况。需要注意的是，在做分箱前一定要检查账龄各个枚举值的分布，是否会因为某个枚举值的数量太小影响结果。

基于这个表格，更直观的办法是绘制，如下图所示。

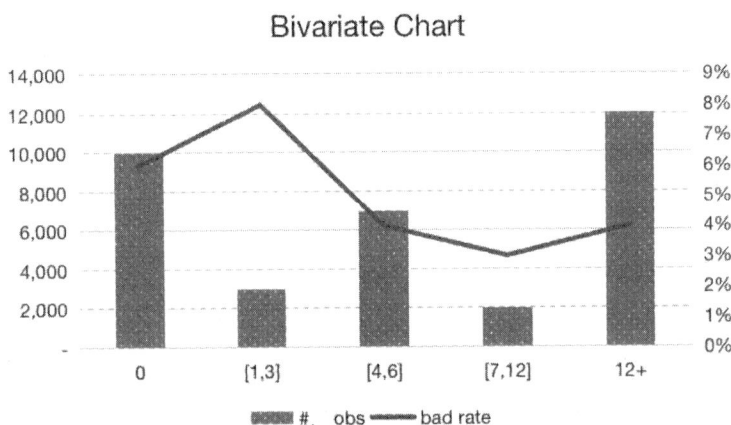

针对有直观含义的变量，分箱的阈值需要符合一般认知，这类变量通常有年龄、账龄等。但是对于一般意义上的连续型变量、分箱算法的不同，可能会影响对

变量的认知,一般来说有以下三种常用的方法:

(1)等量分箱(Equal-size Binning):是按照基本相同的样本量对连续变量进行分箱,这种做法通常的操作就是基于连续变量进行升序或降序排列,然后根据预先制定的分箱个数,将样本均匀地分为若干组,同时找到每个组对应的最大值、最小值、平均值或中位数。这种方法的实质是通过计算样本的等距分位数(如P10,P20,…,P90)将样本分成数量差不多的若干组。由于在实际业务中,变量在坐标轴上不是均匀分布的,通常都是如下图所示的长尾分布。将变量按照等量分箱后,所展示出的 X 轴,在空间上其实不是线性,这里可能会对变量线性相关程度的认知造成一定的偏差;而等量分箱的优点是能够保证在每个区间内的样本量。

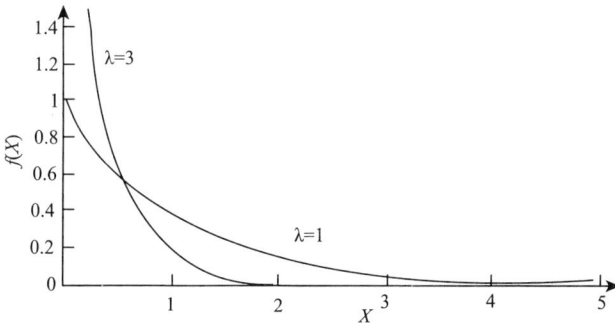

(2)等距分箱(Equal-distance Binning):按照一个预先指定的固定步长,从变量的最小值到最大值,按照步长增加,划定各个箱的边界,再去统计对应的样本量和二元变量的比率;在实际操作中,其实预先指定的是目标分组的个数,然后反推步长。等距分箱的优缺点与等量分箱是相对的,即能够比较直观地展现和还原线性相关的关系,但在极大值或极小值附近的区间中经常会出现样本量过小的问题。

(3)混合分箱(Mixed Binning):是一种等距分箱的改进型,在确定目标分组N后,不是用(Max-Min)/N来确定步长,而是用(P95-P5)/ (N-2)来确定步长。这里,基于总样本量,P95和P5可以酌情使用P99或P1或其他极值的分位数(甚至不一定是对称地取分位数)。基于这种分组方式,一方面,基本可以保证在样本分布比较稠密(相对稠密)的区间,按照等距分箱尽可能还原两个变量在空间中的关系,但在样本比较稀疏的极值区域,又可以保证样本量的充足。

除了上面介绍的三种方法以外，还有很多现成的分箱算法，这些分箱算法的基本原理比较类似决策树搜索分叉点的算法，即不断挑选能够降低熵或增加信息量的分叉。这里不做过多讨论，在后面决策树的章节中会有详细讨论。

5.3.5 混淆矩阵指标族

在进入正题之前先来讲解几个概念。

（1）考虑一个二分问题，即将实例分成正类（Positive）或负类（Negative）。对一个二分问题来说，会出现四种情况。如果一个实例是正类并且也被预测成正类，即为真正类（True Positive），如果实例是负类被预测成正类，称为假正类（False Positive）。相应地，如果实例是负类被预测成负类，称为真负类（True Negative），如果实例是正类被预测成负类则为假负类（False Negative）。从这个概念上说，结合业务，当把某个人判定为"坏人"，那么就管他就做正类（Positive），如果说这个人在某种标准下被定义为"坏人"，就把他叫作真正类（Ture Positive）；否则，他就是假正类（False Positive）。在日常生活中经常会遇到很多正类（Positive）的情况，它有可能是Ture Positive或False Positive。例如在孕妇怀孕的过程中有一个必需的检查，叫作"唐氏筛查"，用来判断婴儿是否患有"21-3体综合征"，这个检查的结果就是一个Positive，也就是说只是高可能性；再举个例子就是家里的煤气报警器，如果响了，其实也是一个Positive，说不定我正在爆炒腰花呢。

（2）需要注意的是，这里讲的是二分类变量和连续型变量（模型平台）的相关关系，因此为了计算模型评分对于坏客户（二分类）的混淆矩阵，要做的第一步就是找到一个阈值把这个连续的可以用来排序的指标转化为一个二元指标（这个过程类似于之前讲过的虚拟化）；随之而来的问题就是，这个阈值怎么找？在几乎所有的分析包中，这个阈值都是根据如下方法来确定的。

第一步，看一下在样本中真实的坏人（T）和好人（F）的比例；

第二步，通过排序算法从低分到高分（假设低分是坏人），找到那个使P/N=T/F的值，这个值有可能是一个数值或分位数；

第三步, 用这个阈值, 将评分转化为P和N。

以上这个是非常标准的方法, 可以广泛应用在各行各业, 但是具体到信贷行业, 我觉得用这个办法确定阈值, 计算相应指标, 如召回等, 其实不是一个衡量模型好用的指标; 混淆矩阵指标族, 多用在分析模型对整体策略的影响时使用, 而不是用在比较模型的好坏。

现在开始进入正题, 当样本已经打好TF和PN的标记后, 则可以将整个样本分为四种类型, 如下表所示。

	预测值 0	预测值 1
真实值 0	TN	FP
真实值 1	FN	TP

这四种类型有两种类型是判断正确, 一种可以赚钱, 另一种可以防止损失; 另外两种状态则判断错了, 一种会产生本金损失, 另一种产生了机会成本。

因此, 从混淆矩阵衍生出的指标一般分为两大类, 正向指标和反向指标。正向指标就是把TP或FN之一或者之和放在分子位置, 把总数、FP、TN等放在分母, 总之正向指标越大, 说明模型越好(由于模型的作用主要是将好坏分开, 所以在很多统计学或机器学习的相关地方, 一般称为分类器(Classifier); 反向指标同理。

在很多情况下, 由于错将坏人当为好人的危害是最大的(你图的是人家的利息, 人家看上了你的本金; 本来得了很重的病, 医生确诊断出来说没事), 因此, 通常会比较关心一个为False Negative Rate(假负率, FNR) $FNR = FN / (TN + FN)$, 就是用FN做分子, 用TN+FN做分母; 与这个指标对应的叫作False-Postive rate(假正率FPR, $FPR = FP / (FP + TP)$), 这个指标可以俗称"虚惊一场"指标, 比如煤气报警器误报、医院误诊说你有病。在金融场景中, 这个指标过高, 就会被市场部门投诉, 因为你本着宁可误杀一千, 绝不放过一个的态度, 极大地提高了企业的获客成本。

(注意, 在机器学习或医学中、有时FNR和FPR的分母也会用, 真实的0或1分母, 但是由于业务决策通常只能基于预测值, 因此我把分母换成了预测的0或1, 特此说明。)

类似的指标还有如下几种：

（1）True Positive Rate（真正率，TPR）或灵敏度（Sensitivity）：TPR = TP / (TP + FN)；

（2）True Negative Rate（真负率，TNR）或特指度（Specificity）：TNR = TN / (TN + FP)；

（3）精准率（Precision）：precision=TP/(FP+TP)；

（4）召回率（Recall）：recall=TP/(TP+FN)；

（5）准确率 (Accuracy)：Accuracy = (TP+TN) / (TP+TN+FN+FP)。

在介绍基础知识时提到了，一般的软件中将模型或评分转化为0/1的主要是排序后根据实际数据中0/1的比例，找到阈值后进行转化，然而这个方法转化出的P和N其实并不是一个太好的指标。原因是模型和评分主要是用来判断用户的风险、然后成为规则的一部分，如果规则是一个瀑布树的结构、而如果模型作为最后一条规则时，分析师要做的是pre-define这个阈值，而不是根据样本中的"坏人"比例来确定这个阈值。

再说明白一点就是：

"为了提高TP带来的获客成本的提升，一定要被FN所降低的风险损失所覆盖，除非由于某些重大的经济事件或政策因素，不计成本的降低风险，不过这时，企业通常的做法就是不再进行市场投放，而不是仅仅收紧信贷政策。"

明白了上面这段话，就可以知道，在真正的实际业务中，计算与混淆矩阵相关的指标，通常是个循环的过程，即预先定义一个阈值，根据阈值进行成本核实，计算相应指标，然后调整阈值，重新进行成本核算。直到找到一个能最大满足业务指标的阈值。

5.3.6　模型常用的评估指标

上一节讲完了混淆矩阵指标族，大家应该知道，即使是同一个模型，在计算混淆矩阵的相关指标时，如果阈值取得不同，结果也都是不一样的。本节要讲的四个概念就是将混淆矩阵这个依赖于阈值的指标, 转化为两张图和两个全局指标。全局指标最大的好处就是可以脱离应用场景, 单独使用, 因此特别适合模型比较和评估; 但反过来说, 这些指标也特别容易将建模人员引入歧途, 为了指标而建模, 忘记了具体业务和应用场景。

KS (Kolmogorov-Smirnov) 统计量: Kolmogorov-Smirnov是比较一个频率分布$f(x)$与理论分布$g(x)$或者两个观测值分布的检验方法。其原假设H0: 两个数据分布一致或者数据符合理论分布。$D=\max|f(x)-g(x)|$, 当实际观测值$D>D(n,\alpha)$则拒绝H0, 否则接受H0假设。

KS检验与t—检验之类的方法不同的是, KS检验不需要知道数据的分布情况, 是一种非参数检验方法。当然, 这样方便的代价就是当检验的数据分布符合特定的分布时, KS检验的灵敏度没有相应的检验高。在样本量比较小时, KS检验作为非参数检验, 在分析两组数据之间是否明显不同时很常用。

通常在计算KS时是这么做的, 在样本量足够时, 会按照评分将样本根据评分结果排序后, 分为20等分, 具体如下图所示。

	A	B	C	
	Cum, Accounts	Cum % Total Non_Bad	Cum % Total Bad	K-S
1	5%	2%	38%	35%
2	10%	6%	55%	49%
3	15%	11%	64%	54%
4	20%	15%	78%	63%
5	25%	20%	83%	63%
6	30%	25%	88%	63%
7	35%	30%	91%	61%
8	40%	36%	92%	56%
9	45%	41%	95%	54%
10	50%	46%	95%	49%
11	55%	51%	98%	47%
12	60%	57%	99%	43%
13	65%	62%	99%	37%
14	70%	67%	100%	33%
15	75%	73%	100%	27%
16	80%	78%	100%	22%
17	85%	84%	100%	16%
18	90%	89%	100%	11%
19	95%	95%	100%	5%
20	100%	100%	100%	0%
				63%

那么将A和C两列画在一张图中，就形成了如下图所示的洛沦兹曲线（Lorenz Curve）。其中A列是横轴，C列是纵轴。

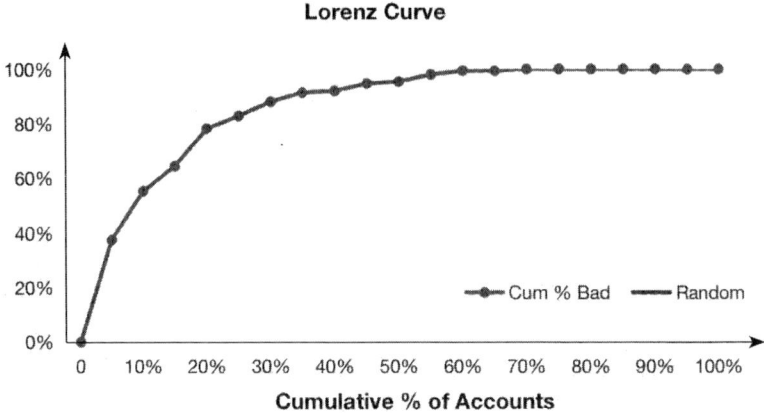

B与C在统计学中有个专有名词，也就是前面讲过的"经验分布函数"，那么这两个分布函数背后的随机变量是什么呢？

这两个随机变量分别是Bad Accounts的评分和Good Accounts的评分，KS定义中的D=max| f(x)-g(x)|，f(x)和g(x)就是指的这两个随机变量的分布函数。

为了把这个过程更加形象化，可参看如下两张图。第二张图中的线就是两个函数差的变化趋势，以及差对应的最大值63%。需要注意的是，因为这里采用数值计算方法，因此同样的样本和模型，在计算方法不同时，会有微小的不同。

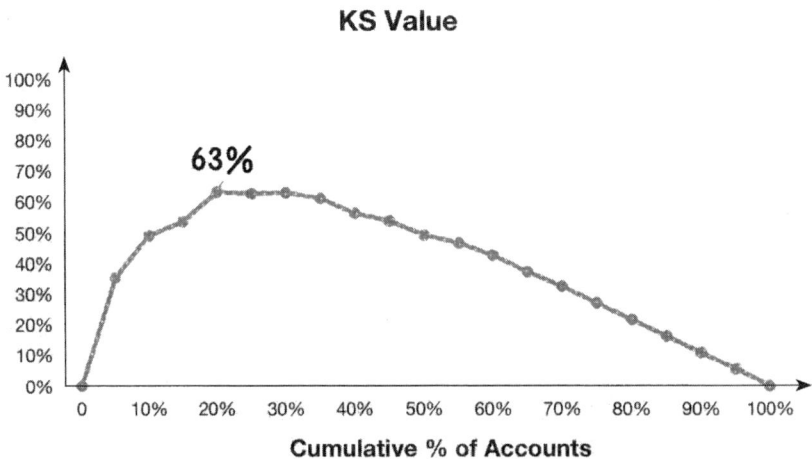

ROC Curve

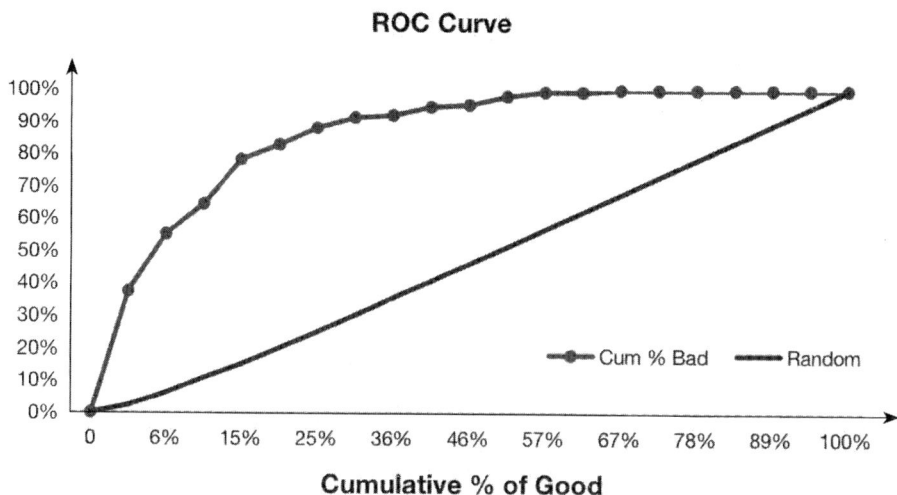

基于曲线可知, 当用模型拒绝*X*%的人时, 可以拒绝*Y*%的坏人, 而这个正是前面讲过的TPR, 也就是说, Lorenz Curve是把TPR随着不用阈值的变化过程动态地展示出来, 而KS也可以理解成max|TPR-FNR|。需要注意的是, KS出现的位置, 并不一定是应用模型时的阈值; 或者说KS高的模型, 不一定能带来更好的风险规则结果; 反之, 在选择模型时, 还是要根据具体应用规则的需求来选择, 不能机械地使用KS。

把Lorenz Curve的横轴换成B列(也就是FPR), 那么LorenZ Curve 就变成ROC Curve了(有时横纵坐标会互换)。

AUC(Area under the Curve of ROC)顾名思义就是曲线下的面积。但AUC表示一个面积, 学过高数的读者都知道, 要计算这种曲线的面积要用到积分, 也就是用切片的方法去逼近这个积分, 这种运算复杂度很高。

用SAS 做过Logistic Regression的读者一定对下图不陌生。

预测概率和观测响应的关联			
一致部分所占百分比	85.7	Somers D	0.715
不一致部分所占百分比	14.1	Gamma	0.717
结值百分比	0.2	Tau-a	0.229
对	508725	c	0.858

如果样本中有 M 个 Bad，N 个 Good，那个会有 $M \times N$ 的比较对，在有了模型评分（风险越高评分越高）以后，就会有如下三种情况：

（1）评分和 M、N 的结果一致，M 中的记录对应的评分高于 N 中记录对应的评分（Concordant）；

（2）评分和 M、N 的结果不一致（Discordant）；

（3）M、N 对应的评分相等（Tie）。

这三种情况结果加起来正好是 100% 的 $M \times N$，所以表格中的 84，13，3.1 就是这个意思（四舍五入过）。而右下角的 C 统计量就等于 "% of Concordant+0.5×% of Tie"。

计算 C 统计量的算法复杂度比计算 AUC 的复杂度要低，C 统计量恰好等于 AUC，因此通常用计算 C 的方法来计算 AUC。

关于为什么 C=AUC 这里就不详细证明了，但是大家可以直观地理解一下，ROC 曲线将这面积为 1 的区域分为两部分，在曲线下面的每一个点，其实就是对应了 Concordant 的情况和一半的 Tie。

这种将数论（C 统计量的研究领域）和解析几何（ROC 的研究领域）相结合解决数学问题的例子在数学史上比比皆是，远到费马大定理的证明，近到现在区块链中应用的椭圆曲线加密算法，都深刻影响着大家的生活。

5.4　这个评分到底该不该用

不管是引入一个外部评分还是企业内部研发了一个新的内部评分，基于这个新评分制定相应的策略、再到新策略的上线是一个非常漫长、复杂和涉及多部门协作的事情。但是作为一个一线的模型人员或者数据测试人员来说，后面这个过程的变数是很大的、时间和人力成本都很高，不可能每评估一个模型都把全流程走一遍；从另一方面，如前面一直强调的，那些数学指标更多的是参考价值，毕竟数学和业务中间还有一段距离。那么，是否有某种简易的方法能够相对合理且快速地评估模型效能就非常重要了。下面会分别介绍一种速算评估法和一个完整全面的评估流

程。前者适合新业务和快速评估，后者更适合一家成熟的公司对一些相对重大调整
的评估流程。

5.4.1　速算评估法

速算评估法就是参照如下公式：

$$\underset{AR0\in(ARl,ARu)}{\mathrm{argmax}} \left(\Delta Bad\% \times AC - \left(\frac{CPA}{AR} - \frac{CPA+CD}{AR0} \right) \right) \times HR \times MA - LPW$$

这个公式的核心原理是用降低的坏账去抵消获客成本的提升，然后用一个经
验值来估计模型的生命周期，从而推断出模型的潜在价值。另外，这个公式完全是
原创总结的，但不排除由于孤陋寡闻别人也写了，我没看到过，欢迎大家讨论。同
时，这个公式中涉及的参数，每一个风险部门的同学至少应该对于本公司的相应数
据应该是有所了解的。另外这只是一个经验公式，在每个公司中根据大家的经验和
实际业务流程，可能不一定完全使用，仅供参考。其中参数，下面来逐一解释。

1. CPA

CPA（Cost Per Acquisition）即单一申请人的获客成本。e.g. 现在大部分线上贷
款平台的获客成本都是按照CPA来计费的，差不多从几元到十几元都有，但是CPA
在大多数情况下是指注册，而从注册到完成申请的漏斗率为70%~80%（一般情况，
个体差别很大），因此这个公式里的CPA是：注册CPA/申请完成漏斗率。

2. AR和AR0

AR（Approve Rate）即审批通过率，而AR0是一个新的通过率，这个通过率是
应用新模型后的通过率，大家不用担心这个新的通过率应该如何确定，因为根据公
式，要把在一个小范围内所有通过率的采样点都要算一下。

3. ARl和ARu

ARl和ARu（l：lower bound，u：upper bound）这两者界定通过率的范围，根据
企业的经营策略总有一个可以容忍的通过率的上下限。上面说到的AR0，其实就是

要在这两个数之间，用一定的步长来遍历所有可能的通过率。

4. ΔBAD%

ΔBAD%是指在AR0通过率下的TN/(TN+FN)和在AR通过率下TN/(TN+FN)的差，这个数可正可负。

此处需要注意的是，这里没有考虑模型中Y的具体定义，如果Y是一个比较严重的逾期则问题不大；如果Y是早期逾期（Early Delinquent），则要稍微考虑一下用Roll Rate做调整，若不做调整，可能会对Under-Estimate模型有正面影响。

5. AC

AC（Average Credit）是指平均放款额度。平均的放款额度*逾期率的差，也就是在新模型和阈值体系下，能够减少的损失。

6. CD和HR

CD（Cost of Data）是指购买外部数据的费用，或由于模型中额外引入了需要付费的数据而产生的成本。这个成本是在审批时产生的，因此要考虑通过率的放大作用，如果是纯内部数据或未引进新的数据，此项费用为0；HR（Hit Rate）在引入外部模型时才会生效，因为外部的模型是有查得率问题的，当查得率过低，会影响工作的产出。

7. MA和LPW

MA（Monthly Applicants）是用来估计模型每个月能够生效的人群，而LPW（Length of Performance Window）是根据我的经验，根据模型Y值的表现窗来确定一个模型保持有效且稳定的时间窗口，e.g. Y=1 是6个月内曾经60DPD or worse，那么这个模型比较有效实际用时间也就6个月左右。一般最小1个月，最长12个月。对于外部的评分，经验值是大公司 6~12，小公司 3~6。

理解了上述参数，就能大概理解这个公式的物理意义，即计算在一个合理的通过率的范围内，考虑了风险、获客成本、数据成本及模型的应用时效等因素后一个新模型能带来的最大输出效能。通过这个输出效能和企业各种其他成本的比较，就可以大概知道这个模型能够带来的提升。

在评估一个外部评分，或比较若干个模型的时候，个人感觉用这个速算公式的结果来比较，会比单纯的比较模型数学指标，更适合"风控审批"这个业务场景。而且这个计算过程看似复杂，却非常适合用代码来实现。

5.4.2　综合评估流程

一个相对完整的流程包括如下三大模块：

（1）预评估；

（2）测试评估；

（3）运营监控。

1. 预评估

预评估阶段的主要任务是通过历史数据的分析、数据测试（如果引入外部测试数据）对新的模型（数据字段）、策略进行预先的评估，这个阶段由分析师在线下完成，不涉及任何生产环境。这个模块需要按照顺序完成以下几项工作。

（1）对数据进行测试

现在所有的金融机构在测试外部机构数据时方法都不太一样，所以个人认为做数据测试时主要应考察如下两方面：

① 真实性测试。也就是说要准备一些样本，包含能够完全了解真实情况的人（一般是内部员工，当然这个要做好隐私保护和沟通），因此这个样本不会太多，但是这个测试能得到对数据最直观的了解；

② 回溯测试。做回溯测试的目的是要拿到有足够还款表现的账户作为测试样本，要求数据提供方将数据回溯到样本真实的申请时间去匹配数据。回溯的重要性我就不过多强调了，很多公司提供的评分或黑名单产品由于在测试时没有回溯，或仅仅是号称回溯却没有回溯，在测试时可得到很高的KS，但是将模型或评分应用到真实的业务中时却差强人意。如果说是一个新的内部评分，也一定要将这个新的评分，放到一个有足够还款表现的样本上，用当时的数据进行打分，这个过程就叫

作Backward。

为什么一定要回溯? 不管是做策略分析, 还是做评分模型, 都有一个假设和一个前提。

① 一个假设: 用户行为在时间维度上是保持相对稳定的。这个假设保证了用历史数据做分析得到的结论在应用策略和模型时还能适用。

② 一个前提: 在应用策略和模型时, 都是在用截止到应用时间点能够获得的所有信息。这时是无法得知关于未来任何确定的信息的。所以需要研究的是"历史和现状还有未来的关系"。

从上面的假设和前提就知道在做分析、数据测试时, 要保证这个前提。通常测试的时候都会取那些已知还款表现的样本, 比如, 这些样本都是在2017年1月通过测试的。如果在测试和分析的时候, 不把2017年2月之后的数据剔除, 那么通过分析得到的结论是"未来和未来关系", 而不是符合应用场景的"历史和现状还有未来的关系"。

通常把观察用户表现的那个时间段叫作表现窗(Performance Window), 把在审批时用来决定审批结果获取数据的那个时间窗口叫作观察窗(Observation Window), 因此表现窗和观察窗是绝对不能重合的, 如果说在做分析提取数据或做数据测试时, 不做回溯, 其实是用表现窗的数据去分析表现窗的数据, 这样得到的结论会有很大偏差。

（2）评估数据效能（如果涉及新的数据字段或评分）

这个步骤就是根据回溯测试的数据, 对数据字段或者评分进行评估。如果不是评分, 而是一个数据字段, 完全可以把这个数据字段看作一个自由度比较低的评分。然后就可以直接应用我之前的速算评估公式来进行判断。

通过数据效能评估, 可以大概知道这个数据或是模型能否满足基本需求, 是否值得花精力去开发相应的规则策略及产生额外的数据购买成本。

（3）模型与策略开发

如果数据字段的区分能力已经好到直接用到规则中, 这时可以直接通过数据表现来确定阈值,将该字段放入规则中。

如果数据字段的区分能力不足以直接进入规则,那么就需要开发一个新的模型,将这个字段引入已有的A卡或者B卡中。然后再将新的模型引入规则,对新策略进行盈利分析。根据新的字段或模型研发出的审核策略,除了在开发流程中要考虑通过率和逾期率的影响以外,还应该全面评估新策略对于审核成本、获客成本、客户体验、对坏账的潜在影响等,考虑的因素就可以参照我的速算公式,但是在进行财务预测时要更加严谨,各项参数还要考虑到未来的变化。

2. 测试评估

经过一个完整的预评估流程,说明经过历史数据的评估,已经证明将要上线的数据、模型、策略是有价值的。同时,之前的预评估都是由数据部门或风险部门的分析师完成的,还未涉及系统的开发对接。测试评估主要分为以下两个阶段。

（1）模拟上线阶段

通过系统对接、开发、测试,新模型和策略已经在系统中等待调用了。但是从谨慎的角度出发,这里并不能直接将相关策略应用在真实的用户上。很多读者都知道要做冠军挑战者测试,但从测试完整性和严谨的角度,要先进行模拟线上测试。

模拟线上测试是将新策略在真实的业务环境中运行一段时间,记录相关结果,但运行结果不影响真实的业务运行。模拟测试中主要注意以下两点:

① 新数据源（如果有）的稳定性。在真实的情况下调用数据源,分析真实环境中的数据分布、查得率等数据与数据测试时的差异。

② 模型、策略效果的稳定性。固然模型、策略已经在历史数据经过完整的效果评估,但市场环境和客群是一个动态变化的过程。模拟线上测试就是要评估在策略模型真实应用时的效果。

（2）冠军挑战者测试

通过了模拟线上测试,下一步就要把一小部分真实的用户切换到新的策略中,将现有的规则（冠军）和新规则（挑战者）进行比较;同时,冠军挑战者测试并不是一次性的,而是一个动态的过程,应该根据测试的结果,不断调整冠军和挑战者的用户比例，根据产品的用户规模，这个动态的过程可快可慢，但总的方向是不断扩大挑战者测试的用户规模。

通过了冠军挑战者测试，终于可以将现有策略淘汰了。

3. 运营监控

在新的模型、策略规则完全上线后，并不是完成任务了，运营监控是一个长期且没有止境的过程，直到这个新模型"退休"。

运营监控主要做如下几方面的工作：

（1）第三方数据源的稳定性。包括查得率、字段数据分布等。

（2）模型和策略的前端稳定性。包括模型和测试输入的数据字段（内部和外部）数值的分布。

（3）模型和策略的后端稳定性。包括模型表现各项数据指标的稳定性；各个规则的漏斗率等。

举例说明（见下图）某指标连续14天的变化（A，B，C区域分别为均值正负3倍、2倍、1倍标准差）：

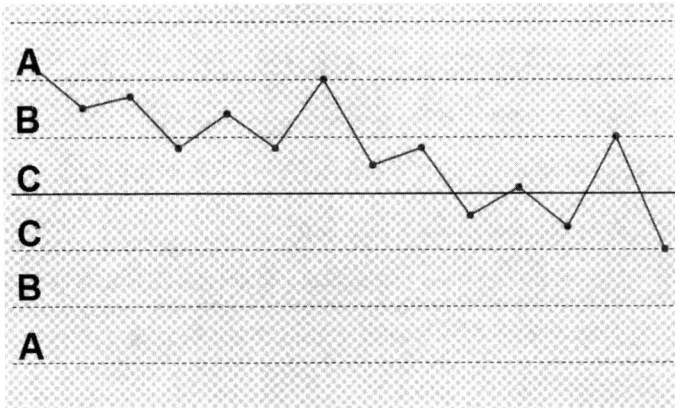

关于模型的监控在后面的章节会有详细的讨论。

5.5　小结

　　本章系统地介绍了在风险分析中主要用到的各种二元相关性分析工具,除此之外,还简要介绍了评估外部收费数据的相关方法。这些二元相关性分析工具,有些通常被用来评估特征,有些通常被用来评估评分模型,这都是由评估的目的及每种方法的特点共同决定的,在实际工作中要灵活运用。有了前面几章的铺垫,从下一章起,我们就会开始详细介绍建立风险模型的全流程。

第 6 章

风险建模的利器

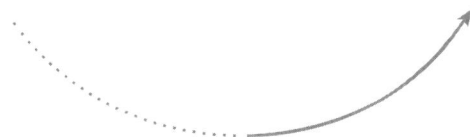

　　"工欲善其事，必先利其器"，为了建模，要有好用的数学模型。大家耳熟能详的人工智能、深度学习、大数据等从本质上来说就是一个建模（建立数学模型）的过程，而这个建模，不是发明一个新模型，而是在业务场景下，"发现或找到"合适的模型，以及模型对应的自变量和所需的必要参数。

　　而这一切的前提是有好用的数学模型，也就是之前提到的 $y=f(x;p)$ 中的 f。

6.1　简明模型史

　　目前在行业中主要用来建模的数学工具，按照在历史中出现时间顺序，依次为线性回归、逻辑回归、梯度提升、集线学习和梯度提升决策树等，本节中会做简要介绍。

6.1.1　线性回归

　　线性回归（Ordinary Linear Regression）是研究一个和多个变量及另一个连续型随机变量相关关系的模型。我找了很久，到底是谁第一个使用了线性模型，已经无从考证，但是第一个使用最小二乘估计（Least Square Estimator）还是可以找到的。平时说的线性回归就是用了最小二乘估计法进行参数估计的一种模型。

　　最小二乘估计法通常是归功于高斯，是由高斯（下图）在1805年首次发表的。

高斯

基于最小二乘估计的线性回归有一个很好听的名字"BLUE"（Best Least Unbiased Estimator），因为它有很多优良的性质，但是也有一些缺点，比如极值敏感等。

从机器学习的角度来看，统计学家说的"估计（Estimator）"，其实是解决一个损失函数的最优求解问题。为了改进最小二乘估计，科学家提出了很多改进的Estimator，其中比较有名的有：岭估计（Ridge Estimator）、LASSO算法（Least Absolute Shrinkage and Selection Operator）、弹性网（Elastic Net）。这几种方法对应的相关关系及损失函数的变化，如下图所示。

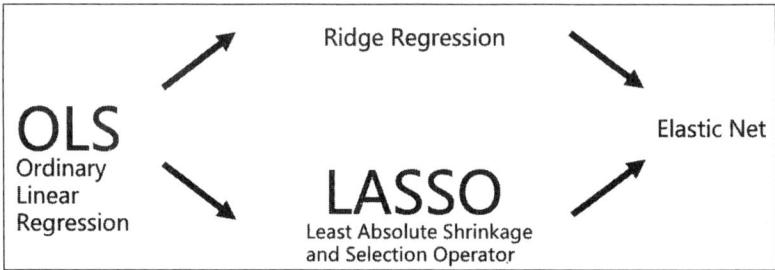

- OLS估计: $\text{argmin}_\beta (y\text{-}X\beta)^2$
- 岭估计: $\text{argmin}_\beta [(y\text{-}X\beta)^2 + \sigma\|\beta\|^2]$
- LASSO: $\text{argmin}_\beta [(y\text{-}X\beta)^2 + \lambda\|\beta\|]$
- 弹性网: $\text{argmin}_\beta [(y\text{-}X\beta)^2 + \sigma\|\beta\|^2 + \lambda\|\beta\|]$

需要强调的是，这些新研发的方法并不是"一致优"，比如后面三种估计都不是无偏估计，而是在某些特定应用场景下会比之前的方法好（在某些场景下，估计偏差较小）。只不过有时身边的场景通常"恰巧"是那些"特定"的应用场景，使得大家产生了"一致优"的错觉。

6.1.2 逻辑回归

在回归分析的实际应用中，大家逐渐发现分析的目标不总是一个连续型变量，在更多的时候更可能是一个二元的结果，如好人或坏人，以及下雨或不下雨等。

戴维·科克斯（下图）在1958发表了《二元序列的回归分析》一文。逻辑回归（Logistic Regression）后面还会详细说，这里不再赘述。

戴维·科克斯

6.1.3　梯度提升

回归分析和决策树在分析领域得到广泛应用后，由于这两种在表面看起来很简单的数据模型，在很多时候不能"更精确地"描述实际场景。将简单的模型通过一定的规则进行组合的思想或方法被科学家提出，梯度模式（Gradient Boosting）就是其中的佼佼者。

梯度提升是一种以集成弱预测模型（如决策树）来解决分类和回归问题的机器学习技术，它和其他的提升方法一样，都是通过构造逐步模型来对各种类型的损失函数进行优化。

梯度提升的概念是由布雷曼（下图）提出的，他观察到了梯度提升能被解释为一种基于适当损失函数的最优化算法。

布雷曼

6.1.4 集成学习

集成学习（Ensemble Learning）就是把许多相对简单的模型（也称学习器、分类器）通过一定的规则聚合起来，形成集思广益的效果。除了梯度提升（Gradient Boosting）以外，还有自助聚合（Bagging）、堆叠（Stacking）、贝叶斯最优分类器（Bayes Optimal Classifier）等。

6.1.5 梯度提升决策树

1999年，下图这位头发花白的老爷爷弗里德曼首次提出了梯度提升决策树（Gradient Boosting Decision Tree）的概念。

弗里德曼

弗里德曼在1999年发表了《贪婪函数逼近：一种梯度提升算法》一文。

除了GBDT以外，近两年相关方法的推动者中也出现了更多领域中的人。如陈天琦在2016年开发了一个可扩展的树提升系统——xgBoost。xgBoost是一个优化的分布式梯度提升库，旨在高效、灵活和便携。

还有微软为开源社区贡献的LightGBM（开源项目、软件库和机器学习算法）。

同GBDT（梯度提升决策树）相比，xgBoost和LightGBM主要有以下几点改进：

（1）对损失函数Loss Funtion的搜索算法进行改进；

（2）增加了模型复杂度函数（正则化函数）；

（3）加入了并行计算框架以改进搜索速度。

如上的几种方法几乎可以满足了现今行业中针对正常数据源（声音、文字、图像除外）的风险模型需求，再次强调，在风险模型中，切不可盲目追求复杂算法，符合业务需求、风险可控才是最好的方法。

6.2　逻辑回归

要想比较清楚地讨论逻辑回归在个人零售信贷领域的应用，以下几个问题是需要理解的：

（1）逻辑回归是怎么来的：从线性回归到逻辑回归。

（2）参数估计：极大似然估计。

（3）特征解释：如何解释每个特征对目标变量的作用。

6.2.1　逻辑回归的由来

大家认知中的线性回归如下：

$$y=ax+b+\varepsilon$$

这里的残差项（Residual）服从正态分布。

线性回归的输出是一个连续的程度，但是在很多的场景下，需要的是一个事件的概率，例如：

$$P(y>0) \quad 或者 \quad P(y \leq 0)$$

由于残差（Residual）服从标准正态分布，因此可以得出：

$$P(y \leq 0) = P(ax+b+\varepsilon \leq 0) = P(\varepsilon \leq -ax-b) = \int_{-\infty}^{-ax-b} \frac{1}{\sqrt{2\pi}} e^{\left(-\frac{(z)^2}{2}\right)} dz$$

正态分布的分布函数没有显式表达式，只能用一个复杂的积分来表示，但如果残差服从标准逻辑分布，那么这个公式马上就简单多了：

$$P(y \leq 0) = P(\varepsilon \leq -ax-b) = \frac{e^{-ax-b}}{1+e^{-ax-b}}$$

也就是说，

$$\frac{P(y>0)}{P(y\leq 0)} = \left(1-\frac{e^{-ax-b}}{1+e^{-ax-b}}\right) \Big/ \frac{e^{-ax-b}}{1+e^{-ax-b}} = e^{ax+b}$$

两边取个对数，

$$\log\left(\frac{P(y>0)}{P(y\leq 0)}\right) = ax+b$$

这其实就是通常所说的逻辑回归，一般把它叫作Odds ratio，而$P(y>0)$也就是通常的$y=1$（或bad）的概率了，这里的y就是二元目标变量。

$$P(y=1) = \frac{e^{ax+b}}{1+e^{ax+b}}$$

如果假设残差的分布是正态分布，可以推导出一种叫作Probit回归的模型，只不过平时用得相对较少。同时在具体的行业应用中，一个残差的具体分布，对模型结果的影响也比较有限。

6.2.2　几个相关问题

上述过程深刻地反映出逻辑回归一些本质的特征，因为逻辑回归到目前为止还是行业中应用分为最广的方法，所以还有必要针对逻辑回归，再做进一步的讨论，而这些特征直接决定了在应用模型过程中几件关键的事。

Q：为什么这里算出来的逻辑回归是一个概率，而通常看到的信用评分都是一个几百的分？

A：从上面的公式可看出用逻辑回归模型计算$y=1$的概率是由$ax+b$算出来的，如果不把$ax+b$变成概率，而是一个其他的线性变换，就可以得到一个对应的分。由于线性变换的单调性，无论是分还是概率，在排序性能上都是一致的。

Q：逻辑回归中变量如何解释？

A：因为$ax+b$是正比于$y=1$的概率的，因此对特征x，只要a是正值，也就意味着x越大，$y=1$的概率越大，反之亦然。

Q：如何知道每一个体分低（或高）的原因是什么？

A：这个问题与第一个问题是一脉相承的，再多加一个参数，由于分是一个线性函数$score=f(a_1x_1)+f(a_2x_2)+f(b)$，只要看$|f(ax)|$就可以知道从每个个体的角度看哪个特征的贡献比较大。

在实际运用中，还有一个要考虑的因素是，在群体中，某个特征的平均贡献度。也就是说，如果某个特征在单一个体上的贡献与群体平均值一致，就算贡献度再大，从群体的角度来说，造成这个个体分高或分低的原因也不是这个特征，而是那些明显偏离群体平均值的特征。在一些比较成熟的消费者保护法律体系下，可能会要求金融机构就"拒绝"消费者的信用申请给出一些的理由。

如果消费者是被某个具体的信用行为规则拒绝的，这个理由很直观；但如果是被信用评分拒绝的，有时是无法用"综合评分过低"这个理由去解释，那么就需要通过一定的方法来计算，如某个个体入模的每个变量，相对于群体平均值的偏离程度，找出对于这个个体评分过低（或过高）的决定性变量，然后再把这个变量翻译成人类能够理解的语言。

当然，在实际操作中还要考虑很多极端值的例子和变量本身的问题，防止解释的原因不那么合理。比如，在模型中，为了模型效果设置了一个变量，但如果在对客户解释的时候就不建议用这个变量了。

6.2.3　从机器学习的角度理解逻辑回归

从机器学习的角度来看，逻辑回归是介于罗森布拉特（Rosenblatt）感知器和自适应线性神经网络之间的一种网络，可以说逻辑回归也是一种早期的神经网络的形态，如下图所示。

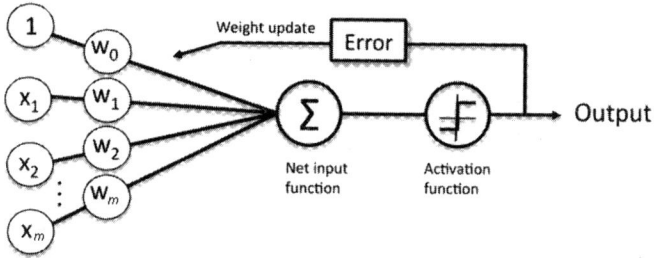

罗森布拉特感知器

ADALine神经网络如下图所示。

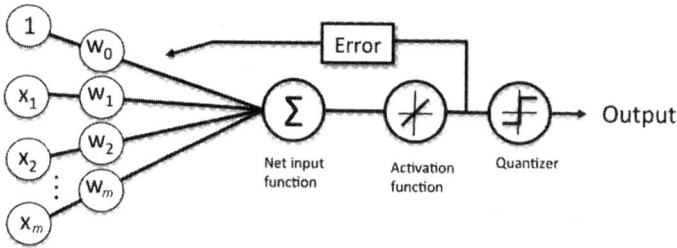

ADALine神经网络

同罗森布拉特（Rosenblatt）感知机相比，逻辑回归用sigmoid函数代替了阶跃函数（Heaviside）；而和ADALine相比，又少了Quantizer的部分。

早期的机器学习是字面意义上的机器学习，Rosenblatt感知机是由弗兰克·罗森布拉特在1957年就职于Cornell航空实验室（Cornell Aeronautical Laboratory）时所发明的一种人工神经网络，随后他在1960年提出了神经网络硬件方案。

6.2.4　参数估计：极大似然估计

极大似然估计方法是求估计的另一种方法，1821年首先由德国数学家高斯提出，但是这个方法通常被归功于英国统计学家R. A. Fisher（罗纳德·费希尔），他在1922年的论文中再次提出了这个思想，并且首先探讨了这种方法的一些性质。极大似然估计这一名称也是费希尔起的，这是一种仍然得到广泛应用的方法。

线性回归和逻辑回归等统计模型与很多机器学习模型比较，有个很大的差别是：统计模型参数估计是有显式解（Explicit），也就是有一个公式能够把每一个参数算出来。而很多机器学习模型的参数是"逼近"出来的，通常把这类解叫作隐式解（Implicit）。

从最优化的结果来说，显式解通常能够达到一个"全局最优（Global Optimum）"，而通过数值计算出的隐式解，通常只能找到一个相对好的"局部最优（Local Optimum）"，但是由于只有极少的模型具有显式解，在绝大多数情况下都只有"局部最优"。就像每个人总是想找一份"钱多、事少、离家近"的工作，但实际情况却总是不尽如人意。

具体的公式如下：

$$l(w)=\ln L(w)=\sum ni=1 y(i)\ln(\phi(z(i)))+(1-y(i))\ln(1-\phi(z(i)))$$

其中，$z(i)=wTx(i)\phi(z(i))$ 表示第 i 个样本的预测值。

关于逻辑回归的参数估计在网上也有很多基于机器学习算法的逼近方法，有兴趣的读者可以自行搜索。

6.3　决策树

本节主要讨论的是决策树自身的特性。决策树是一种简单但广泛使用的算法，属于监督式学习中的分类算法或回归算法。同时决策树是一类具有树形决策结构的算法的总称，而不是具体的某一种算法。与其他分类算法相比，决策树有如下两个优势：

（1）决策树具有良好的可读性或者解释性；

（2）决策树算法在实际使用中的效率很高，每次进行分类或预测时仅会进行不超过树深度次数的判断运算。

正是由决策树相对简单的算法结构决定了决策树的优点，但也限制了决策树在一些对精确度要求比较高的场景的应用。但集成学习（Ensemble Learning）的出现，一举解决了决策树的这个问题，同时由于一些特性，使得决策树更易与集成学习结合。本节将着重介绍决策树，下一节会着重讲解集成学习的内容。

6.3.1　决策树的一般构造方法

决策树一般的构造方法如下：

（1）将整体视为一个节点；

（2）遍历每一种分割方式，根据某种指标定义出"最好的"分割方式；

（3）将分开的若干个子节点，分别执行上一步操作，直到每个节点满足一定的中止条件；

（4）在树的生成结束后，根据修剪条件（可能有）对树进行修剪。

这里的"某种指标""中止条件"以及"修剪条件"就是决定每个算法的关键。

如下图所示为Python语言某个包的说明文档。

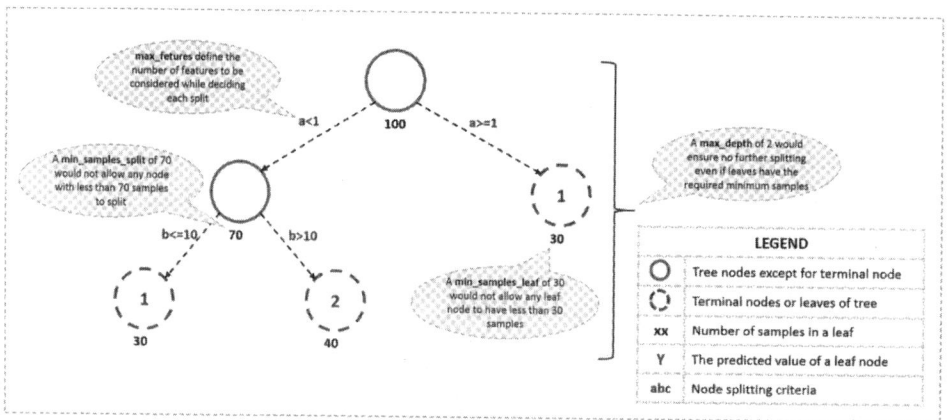

上图中有一些常用术语，如max feature、min_sample_split、min_sample_leaf等，这里不一一解释了，网上都可以查询。

刚刚提到了决策树是一类具有树形决策结构的算法的总称，下图列出了目前主流的几种决策树算法出现的时间。

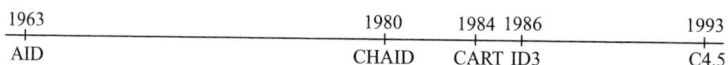

6.3.2　卡方自动交互检测

CHAID的全称是Chi-squared Automatic Interaction Detection, 中文是卡方自动交互检测。

卡方检验只针对分类变量, 它是统计样本的实际观测值与理论推断值之间的偏离程度, 实际观测值与理论推断值之间的偏离程度决定了卡方值的大小, 卡方值越大, 偏离程度越大; 若两个值完全相等时, 卡方值就为0。 因此CHAID算法会自动将所有连续型的变量先进行"离散化"。

6.3.3　CART算法

CART 算法是由布莱曼（Breiman）等首先提出, 标准的CART（Classification And Regression Trees）只能进行二部分叉。CART从名字上来说有两种功能, 分别是分类树（Classification Tree）和回归树（Regression Tree）, 在做分类树时, 主要应用的是gini系数; 而在做回归树时, 主要应用方差来作为判断标准。

6.3.4　ID3算法

ID3（迭代二叉树 3 代, Iterative Dichotomiser 3）算法是由科学家Quinlan 首先提出的, 该算法以信息论为基础, 以信息熵（Entropy）和信息增益为衡量标准, 从而实现对数据的归纳分类。 有关信息熵在5.3.3中有详细介绍, 这里就不重复讲了。

6.3.5　C4.5算法

C4.5算法是ID3算法的改进型, 改进的核心有以下两个地方:
（1）使用信息增益率而不是信息增益进行分叉判断;
（2）在构造树的过程中进行剪枝。

6.3.6 剪枝

对决策树进行修剪是为了让它更符合一般的审美（更稳定、更简洁），之前提到的中止条件及修剪条件，当满足这两个条件后，通常会执行剪枝。在决策树构造的过程中，为了分类或回归的精度，树的分叉会非常细，即节点过多，造成一定程度的过拟合（Overfit），因此需要对数的枝叶进行修剪（Pruning），目前有两类主流的修剪策略分别如下：

（1）前置裁剪（中止条件）：设定一定的中止条件，在分叉的过程中进行判断，如果满足条件，则停止。这个中止条件可能包括树的高度、终端分叉的个数、使用的特征数、性能增益的绝对量或相对量。

（2）后置裁剪（修剪条件）：就是在整个树生成之后根据一定的规则再重新审视整个树，根据某些指标决定是否要保留分叉。

6.4 集成学习

本节将着重介绍集成学习的框架，注意，只是框架。

集成学习是使用一系列学习器进行学习，并使用某种规则把各个学习结果进行整合，从而获得比单个学习器更好的学习效果的一种机器学习方法。

我们对比一下关于监督式学习的定义。

监督式学习（Supervised Learning）是一个机器学习中的技巧，可以由训练资料中学到或建立一个模式（函数 / Learning Model），并依此模式推测新的练习。训练资料由输入物件（通常是向量）和预期输出组成。函数的输出可以是一个连续的值（称为回归分析），或是预测一个分类标签（称为分类）。

与监督式学习不同的是，集成学习是另一个范畴的方法合集，即通过一定的规则和策略，将不同的基础算法组合起来，使这个混合的方法具有一些基础算法不具备的优良特性，这当然是在付出额外运算资源的前提下。

比较常见的结合方法有如下三种。

6.4.1　自助聚合

自助聚合（Bagging）的全称是 Bootstrap Aggregating，聚合（Aggregating）是比较好理解的，这里比较特别的是自助（Bootstrap）的含义。

Bootstrap是统计学上的一种抽样方法，这个方法叫作自助法。为什么叫自助法呢？在统计学发展的早期，统计学家为了研究某类问题，由于数据收集比较困难并且受其他客观条件的限制，因此只能采取抽样的办法，就会出现以下两个问题：

（1）抽取的样本过小；

（2）抽取的样本特征无法代表全局特征。

针对这两个问题，统计学家发明了"自助法（Bootstrap）"的抽样方法来解决这两个问题，其本质就是可放回的重复抽样，所以自助法的意思可以理解为"自己帮助自己"。与Bootstrap相对应的还有一种不放回的重复抽样，叫作刀切法（Jackknife）。

这是一个很常见的例子，但为了帮助大家理解自助法（Bootstrap）还是要介绍一下。

假设有一个鱼塘，我们想估计鱼塘中一共有多少鱼。一般人都能想到的是，从鱼塘中随机捞起N条鱼，然后标记一下，放回池塘中，然后再捞N条鱼，其中有M条鱼是被标记过的，那么鱼塘中应该会有$N \times N/M$条鱼。

但是，作为一个严谨的科学家，通常的做法是将再捞起的这个过程重复好多遍，然后就有了M1、M2、M3……这其实就是自助聚合（Bagging）的思路，只不过鱼们比较"受罪"。

然后可以将上面的M1～MN，取平均、中位数等，这个叫作集成学习的"结合策略"，后面会详细介绍。

6.4.2　迭代

迭代（Boosting）方法是一种用来提高弱分类算法准确度的方法，这种方法通过构造一个预测函数系列，再以一定的方式将它们组合成一个预测函数。

迭代（Boosting）是一种提高任意给定学习算法准确度的方法。它的思想起源于 Valiant 提出的 PAC（Probably Approximately Correct）学习模型。

简单来说，就是通过一步步地构造一个弱分类器序列来解决分类或回归问题的方法。注意，这里一定是一个序列，也就是串行的方式来组织这些分类器。正是由于串行方式的构造，意味着后一个分类器是依赖于前一个的，那么随着分类器数量的增加，模型训练的时间总是会相应地增加。

这个过程有点像上学时的应试技能，大家都参加过考试，期末复习阶段就是在做"应试技巧"的训练，那个时候每次测试后，大家都会把自己错误比较多的题拿出来，然后针对这种题型做专门的训练，周而复始。其实这就是用了 Gradient Boosting 的思路来提高自己的应试技巧，只不过模型能记住以前犯过的错，而人类的记性没这么好。

6.4.3 堆叠

堆叠（Stacking）是指将学学习器进行堆叠，用底层分类器的输入作为高层分类器的输入。

如下图为我自己画的一个示意图。

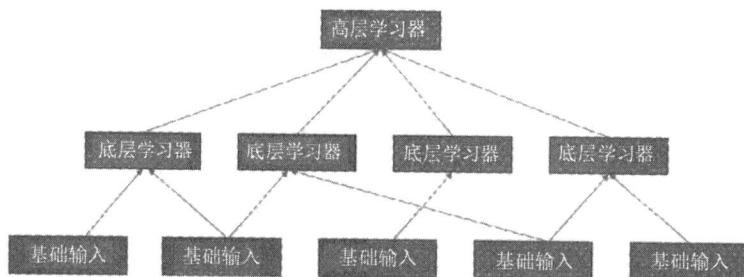

从实现路径上来看，堆叠（Stacking）和迭代（Boosting）有一些类似，但还是有差别，具体如下：

（1）堆叠学习器时，更多的是通过人工介入主动选择的过程，而迭代（Boosting）更多的是通过算法进行自主迭代；

（2）基于迭代（Boosting）结合学习器时，每次新的学习器总是那个原始的Y，而迭代（Boosting）很多不是针对Y再迭代，而是针对残差等在迭代。

6.4.4　集成学习策略与分类

上面提到的自助聚合（Bagging）、迭代（Boosting）、堆叠（Stacking）都是基础结合方法的名字，但是结合方法把若干个学习器放在一起时，根据一定的策略把多个结果转化为单一的输出（如下图所示）；那么从结合策略角度，有如下两个范畴的分类：

（1）结合策略：求和、投票、平均、学习；

（2）结合机制：串行、并行。

例如：

（1）自助聚合（Bagging）是并行的平均（回归时）或投票（分类时）结合；

（2）迭代（Boosting）是串行的求和结合；

（3）堆叠（Stacking）是并行的学习结合。

这里的学习结合同求和、平均比起来稍微难理解，其实学习结合的意思就是通过学习器来进行结合。如果把Stacking进行更多层的堆叠，就是通常所说的"深度学习"。现在特别流行的AI的本质就是将学习器进行了多层甚至反向的堆叠，如下图所示。

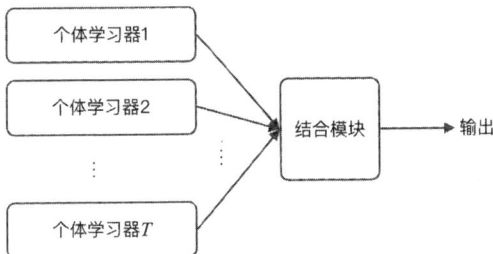

6.5 梯度提升决策树

梯度提升决策树（Gradient Boosting Decision Tree, GBDT）是机器学习算法中的入门知识。

对于集成学习中常用的Bagging和Boosting，它们起到了不同的作用。Bagging使预测、估计、推断更稳定，而Boosting则是使预测、估计、推断更准确。那有没有什么方法可以让算法又稳定又准确呢？可以是把它们两个组合起来。

GBDT就是将决策树、自助聚合（Bagging）和迭代（Boosting）组合在一起，实现比较强大的功能。有时也会用GBM来指代此类方法，这里的M是指Machine的简写，可以指代各类基础学习器。

6.5.1 GBDT中的决策树

GBDT中的决策树，是前面讲过的CART。也就是说，GBDT是同时支持分类树和回归树的，既可以预测离散型变量，还可以预测连续型变量。不同的语言在实际的运用过程中对这个决策树输入的要求是不一样的。现在业界比较常用的是Python和R语言，R语言对于连续或离散的Y使用了同一个函数来实现，同时可以自动支持离散型的X，以及X的中缺失值（Missing）；而Python常用的SK-learn包中，将分类和回归拆成了两个函数，并且仅支持连续型的X，在使用前一定要做前置的变量处理。

大家使用的时候要注意，同时，那些决策树中会涉及的参数，在这里也同样适用。

6.5.2 迭代（Boosting）

GBDT是通过串行的方式来一个接一个地构造决策树，除第一个树以外，其他所有决策树在构造时使用的Y都是前面所有树之和的残差。根据想使用的树的个数，需要指定一个n_estimator参数，来限制整个序列中树的个数。但需要注意的

是，在不同的情况下，并不一定是n_estimator越大越好。在运用GBDT建模时，一个
非常重要的步骤就是要找到一个合适的n_estimator，既不能太小而影响模型精度，
也不能太大而造成过拟合。通常会基于不同的n_estimator可绘制一张图如下所示。

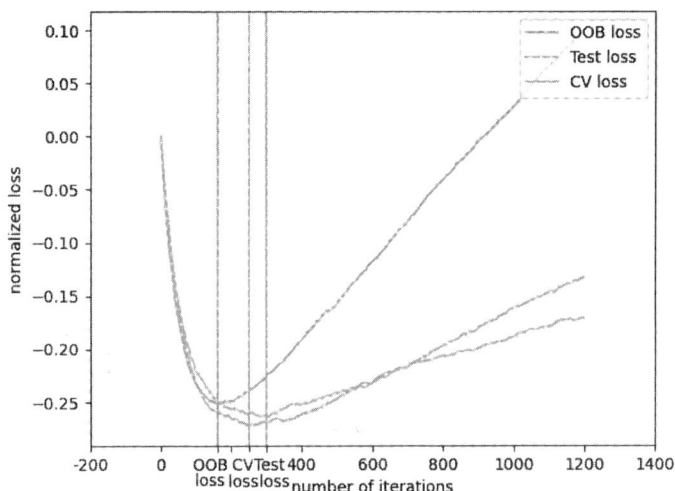

这里做了三个检验分别是OOB loss、CV loss以及Test loss。当n_estimator逐渐
变大的时候，三种检验的loss是如何变化的。至于如何选择最优值，没有绝对的好
方法，一般按照不同的需求，选择保守或乐观的方法，或者将3个数按照一定的规则
进行加权平均。

OOB的全称是Out-Of-Bagging检验，基本原理是利用GBDT在每轮训练过程
中，用放回抽样生成的一个测试样本，每轮都会在这个测试样本上计算损失函数。

CV 的全称是Cross-Validation，指将训练集按照分为N个样本，然后分别用剩
余样本训练模型后，在选出样本上进行检验，并将所有样本的检验结果求平均，因
此CV的全称也叫作N-Fold Cross-Validation。

Test loss就是通常在测试集上做检验。

机器学习的方法虽然能够显著地提高模型的精度，但也会不可避免地带来过
拟合的问题，尤其在涉及风险决策的模型中，这个问题尤其要注意。

6.5.3 自动聚合（Bagging）

为了提高模型的稳定性，在生成每一棵树时，通常不会使用指定的全部Train Sample，而是从Train Sample不断地放回抽样，也就是上面所说的Bagging，使用这个被抽出的样本进行训练。而未被抽中的那部分样本，就是前面提到的OOB Sample，这个OOB样本，虽然在模型训练时被抛弃了，但在模型的检验中还是要发挥作用的。为了指定每次抽样的比例，那么就需要指定Bagging参数。

6.5.4 缩减（Shinkage）

在GBDT中还引入了缩减（Shrinkage）的概念，每次走一小步逐渐逼近结果的效果，要比每次迈一大步很快逼近结果的方式更容易避免过拟合。即它不完全信任每棵残差树，认为每棵树只学到了真理的一小部分，累加的时候只累加一小部分，通过多学几棵树弥补不足。

也就是说，在聚合树的时候不是简单的树相加，而是根据如下分式进行加权求和。

$$\tilde{Y}=\sum_{i=1}^{n} \text{estimator } \lambda(i\text{-}1) \times Yi$$

这里的λ就是缩减（Shrinkage）系数，在很多语言中，这个参数也叫作（learning_rate）。需要注意的是，通常情况下learning_rate都会取得非常小，一般都是0.0X及其以下量级的。

如下图所示我们来汇总一下这个总流程。

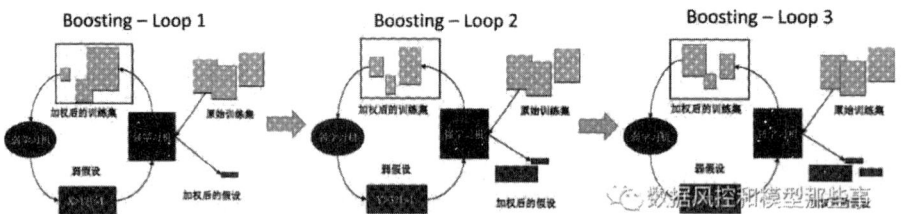

再总结一下，GBDT的本质就是不断地用决策树学习残差，以提升单一决策树的性能，同时为了使整个树序列更稳定，具有更好的泛化能力，加入了Bagging和

Shrinkage机制。另外, Shrinkage的存在能够使得GBDT发现并找到更多的相关联的特征。Xgboost和lightGBM是在运算机制和算法的基础上对GBDT做了一些改进。

6.6　多目标优化

本节讨论的是多目标优化, 从业务的角度来解释就是, 在建模的过程中为了平衡模型的准确度和复杂度, 所涉及的相关数学知识。但多目标优化是一个专门的学科, 这里就不做更深入地介绍了。

模型的准确度是越高越好, 但这里有个重要的前提就是模型的预测能力要比较稳定。通常把模型应对与建模样本不完全匹配的样本(在实际情况中, 这个几乎是必然发生的)的能力, 叫作模型的"泛化能力"或者模型的"鲁棒性"。但其实是没有一个量化指标来定义模型的泛化能力, 通常大家就按照常识, 即越复杂的东西, 应用范围越窄; 而越简单的东西, 越有普适性。

但如果像实变函数论中的每一个收敛定理都需要非常多的条件, 一个条件不成立, 这个收敛定理就不存在了, 如下图所示。

设 (S,Σ,μ) 为一个测度空间, $(f_n)_{n\geq0}$ 是一个实值的可测函数列。如果 (f_n) 逐点收敛于一个函数 f, 并存在一个勒贝格可积的函数 $g\in L^1$, 使得对每个 $n\geq0$, 任意 $x\in S$, 都有 $|f_n(x)|\leq g(x)$, 则 ：

(1) f 也是勒贝格可积的, $f\in L^1$;

(2) $\int_S f\,d\mu = \int_S \lim_{n\to\infty} f_n\,d\mu = \lim_{n\to\infty} \int_S f_n\,d\mu$。

其中的函数 g 一般取为正值函数。函数列 $(f_n)_{n\geq0}$ 的逐点收敛和 $|f_n(x)|\leq g(x)$ 的性质可以减弱为 $\mu-$ 几乎处处成立。

勒贝格控制收敛定理, 你看这条件多不多(不用看懂)。

通常就有了如下一个基本原则:

"模型简单则泛化能力强; 模型复杂则泛化能力弱"。

接下来的问题就是"如何来量化模型的复杂程度?"这有很多办法, 先介绍一个看起来很高深, 但其实很简单的概念。

6.6.1 范数

范数就是高等数学中"度量"的概念。举个例子，因为我最近在减肥，总要用一个指标去量化肥胖的程度，也许大家会说，那不就是体重吗？但在专业人士看起来，这个问题远不止这么简单，也可以有很多其他指标，例如：

体积、腰围、身体脂肪含量等。如果要说得更专业一些，还可以这么说，体重范数、体积范数、腰围范数、脂肪范数等。

在风险模型这个领域，主要讨论的是向量（或集合）的范数，如下是常用的三种对向量的度量：

（1）L0范式：向量中非0元素的个数；

（2）L1范式：向量中元素绝对值之和；

（3）L2范式：向量各元素的平方和然后求平方根。

6.6.2 模型复杂度的度量

在了解了范数之后，就能用范数来描述模型的复杂度如下图所示。下面列举几种常用的方法：

（1）模型使用特征（系数）的个数；

（2）系数的绝对值之和（线性回归、逻辑回归）；

（3）系数的平方和（线性回归、逻辑回归）；

（4）分叉的数量（树形结构模型）；

（5）根节点的个数（树形结构模型）。

回顾上文的目标函数：

OLS估计：$\mathrm{argmin}_\beta (y\text{-}X\beta)^2$

岭估计：$\mathrm{argmin}_\beta [(y\text{-}X\beta)^2 + \sigma\|\beta\|^2]$

LASSO：$\mathrm{argmin}_\beta [(y\text{-}X\beta)^2 + \lambda\|\beta\|]$

弹性网：$\mathrm{argmin}_\beta [(y\text{-}X\beta)^2 + \sigma\|\beta\|^2 + \lambda\|\beta\|]$

上图就是下面几种方法对应的目标函数。

如下图中的岭回归对模型复杂度的度量就是线性回归的L1范式，而LASSO就是使用了L2范式，弹性网络则是L1范式和L2范式的加权和。另外，再严谨一些的说法如下：

（1）特征（系数）向量的L0范数（最小二乘估计）；

（2）系数向量的L1范数（岭回归）；

（3）系数向量的L2范数（LASSO）。

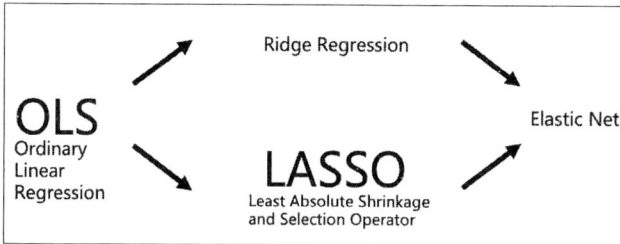

6.6.3　模型的多目标优化

有了可以度量的损失函数（模型精确度）和模型复杂度，拟合模型时就有了两个具体目标，但模型的终极目标是能够更好地服务业务，需要把模型服务业务这个大目标，拆分成两个可以量化的小目标。而这又引入一个新的问题：怎样调和这两个小目标？

比如减肥的问题，其实减肥的目的也是为了健康，而那几个可以度量"肥"的体重范数、体积范数、腰围范数、脂肪范数，每一个都或多或少与健康相关。"多目标优化"就是解决这个协调问题的学科。

一般地，多目标规划问题可以描述成如下形式：

$$\min f(x) = (f_1(x), \cdots, f_p(x))^{\mathrm{T}}$$

$$g_i(x) \geq 0, i \in \mathrm{I}$$

$$h_i(x) = 0, j \in \mathrm{E}$$

其中$g_i(x)$和$h_i(x)$为约束条件，$x \in \mathrm{S}$为可行域，$f(x)$为目标函数。

那么给定一个可行点$x* \in \mathrm{S}$，有$\forall x \in \mathrm{S}$，有$f(x*) < f(x)$，则$x*$为多目标规划问题的最

优解，若不存在$x \in S$，使得$f(x) < f(x^*)$，则称x^*为多目标规划问题的有效解，有效解也称为帕累托最优解。

用比较简单的语言来说，"假如有两个模型，若精确度一样，其中一个的变量比另一个少，那么这个就是相对优的模型；但是如果一个比另一个准确，而没有另一个稳定，那么这两个模型是不能比较的；然后就有两种（类型）模型，一种是总能找到另一个模型，来碾压（其他目标一样或某个目标优）本模型；而另一种模型是，无论如何也找不到一个模型能够完全碾压本模型（尽管准确很多，但不够稳定）。"

那么第二种模型的集合就是所谓的帕累托解集。模型人员的主要工作，就是先找到这个不能被全面碾压的模型集合，然后从这个集合中找出一个符合业务场景的一个模型。

帕累托解集还有一个更有"范"的名字，叫作非支配解集，而由loser模型构成的解集叫作支配解集。

意大利经济学家维尔福雷多·帕累托（下图），在经济学中经常碰到的帕累托最优、帕累托分布、帕累托图，都是以他的名字命名的。

维尔福雷多·帕累托

6.6.4　通过进化计算算法求解帕累托解集

在计算机科学领域，进化计算（Evolutionary Computation）是人工智能（Artificial Intelligence），进一步说是智能计算（Computational Intelligence）中涉及组合优化问题的一个子域，其算法是受生物进化过程中"优胜劣汰"的自然选择机制和遗传信息的传递规律的影响，通过程序迭代模拟这一过程，把要解决的问题看作环境，在一些可能的解组成的种群中，通过自然演化寻求最优解。

简单来说就是用计算机模拟生物演化的过程，来解决最优化问题的一类方法的总称。进化计算是随着计算机技术的发展而发展起来的一门新兴学科，原因是进化计算的运算量一般来说比穷举法要小得多，但又比贪婪算法要大得多，需要大量运算能力。其核心步骤如下：

（1）编码。首先将需要决策的各个维度进行一定的编码。以GBDT的调参问题来举例，一般GBDT有8个参数，其中的learning_rate的取值是（0，1），那么比较简单的编码方式如下表所示：

原参数	编码
0.1	1
0.2	2
0.3	3
……	
0.8	8
0.9	9

将所有可能的参数进行编码，就形成了一个8维的向量构成的解空间X，其中任一解为x；

（2）定义目标函数。这里的目标既可以是单目标，也可以是多目标，如准确度（用L表示）和复杂度（用D表示），那么对于任意一个解，总有（L，D）=（l(x)，d(x)）；

（3）初始化种群。按照一定的规则，随机在解空间内生成若干个x；

（4）进化。计算不同x[包括本次迭代的全部x和之前迭代得到的最优目标对应的x）对应的（（l(x），d(x））］，并选取其中的最优（单目标）或帕累托优（多目标），基于一定的规则进化新一组x，并持续这个过程；

（5）终止。根据事先设定好的条件，中止进化过程。因为进化规则的设定，对应的全局最优解总是随着不断的迭代变得越来越优（当然有一定的随机性）；但到一定程度后，目标函数对应的增量，是边际递减的，因此需要设定一个终止条件。

这么一大段描述显然是很抽象的，也请大家多多见谅，后面遗传算法的例子可以帮助大家更好地理解。

在进化计算求解的过程中，充满了大量的随机性，往往会导致结果的不稳定，因此在实际操作中，一般会同时进行多个进化计算的并行求解，然后确保各自得到的最优解都在一个相邻的范围内。

6.6.5　遗传算法

遗传算法（Genetic Algorithm, GA）最早由John Holland于20世纪70年代提出，该算法是根据大自然中生物体进化规律而设计提出的。该算法是模拟达尔文生物进化论的自然选择和遗传学机理的生物进化过程的计算模型，是一种通过模拟自然进化过程搜索最优解的方法。该算法通过数学的方式，利用计算机仿真运算，将问题的求解过程转换成类似生物进化中的染色体基因的交叉、变异等过程。

在求解较为复杂的组合优化问题时，相对一些常规的优化算法，通常能够较快地获得较好的优化结果。遗传算法已被人们广泛地应用于组合优化、机器学习、信号处理、自适应控制和人工生命等领域。

遗传算法大概是最著名的进化计算算法了，没有之一，下面通过遗传算法来让大家更好地理解进化计算的逻辑。需要注意以下两点：

（1）这里已经将遗传算法的逻辑进行了大量简化，为了能够更容易地理解这个算法的神韵而不是形式；

（2）用优化更简单的单目标L来举例。

遗传算法是按照如下的方法来进化的：

① 假如随机生成了50个x的初始种群，那么分别计算目标函数的值后会有某个x本轮最优的L本轮最优=l（x本轮最优）。

② 基于x本轮最优生成下一轮的50个x，相当于以x本轮最优为父本成生下一代，这里应用了基因交叉配对和变异的原理。

首先用刚刚的50个x中的top25和x本轮最优进行交叉配对：

父代样本A

| 1 | 1 | 0 | 0 | 0 | 1 | 1 | 0 | 1 | 0 | 1 | 0 | 1 | 0 |

父代样本B

| 1 | 0 | 0 | 1 | 0 | 1 | 0 | 0 | 0 | 0 | 1 | 1 | 1 | 0 |

后代

| 1 | 0 | 0 | 1 | 0 | 1 | 0 | 0 | 1 | 0 | 1 | 0 | 1 | 0 |

我们可以把这个颜色条想象成一个向量，随机找出若干个断点进行交叉，通常使用的是单点交叉和两点交叉如下图所示。

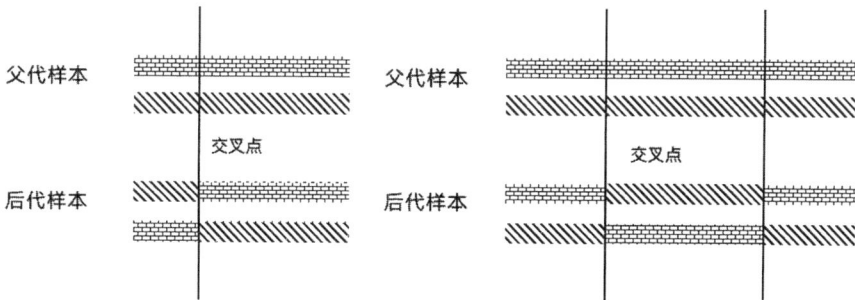

在交叉后就有了新的50个x，这样做的目的是继承x本轮最优的优良性状如下图所示。

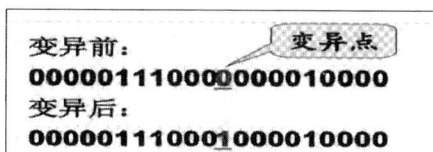

变异前：
00000111000**0**000010000
变异后：
00000111000**1**000010000

然后，将新得到的50个x，分别进行变异，这样做是为了增加搜索空间的多样性。

③ 重复①、②的步骤。

如下图所示形象地演示了遗传算法进化的过程完整示意图。

在交叉后就有了新的50个x，这样做的目的是继承x本轮最优的优良性状；

然后，将新得到50个x，分别进行变异，这样做是为了增加搜索空间的多样性。

iii. 重复i、ii的步骤。

如下是一个演示遗传算法进化过程完整示意图：

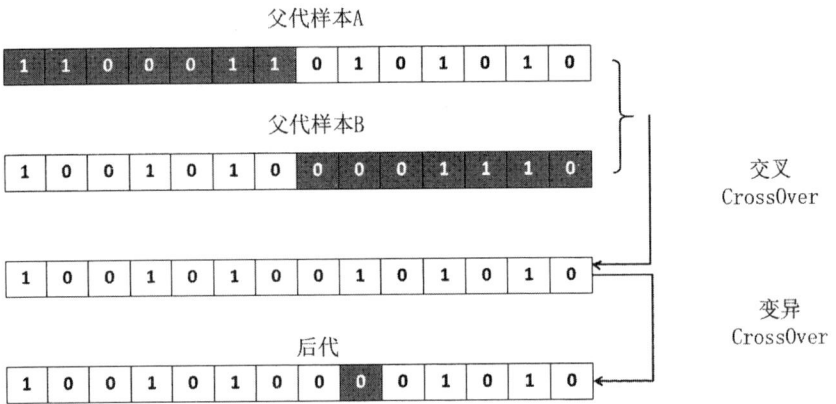

比较著名的进化计算算法还有模拟退火算法、蚁群算法、粒子群算法等。

6.6.6 从多目标到单目标

除了通过特定的算法找到模型的帕累托解集以外，主要还有两种从多目标向单目标转化的思路，分别如下：

（1）加权求和；

（2）限制最优化。

加权求和是在建模的过程中常使用的方法，因为这样有利于写算法，其基本原理是根据经验给不同的目标赋予不同的权重，然后根据效果反复调整权重，包括Lasso、岭回归、弹性网络、Xgboost等算法都是采用了这个策略。

$$\underset{f\in F}{argmin}\{L(f)+\lambda\Omega(f)\}$$

加权求和的主要函数形式。

限制最优化是将其中一个条件限制在一个可以容忍的范围内,然后去找满足条件的另一个小目标的最优解。比如,通常限制一个模型复杂度的上限,然后去找在这个条件下最精确的模型。这个思路通常会用在策略研发的过程中体现。限制最优化的主要函数形式如下:

$$\underset{f\in F}{argmin}\{L(f)\}$$
$$cont.\ \ \Omega(f)\leqslant\theta$$

6.7　小结

本章主要介绍了在建立风险模型时常用的数学工具,这些工具从广义上来说是基于二元统计分析扩展而出的多元统计分析,当然主要是指回归分析。但风险模型仅有这些数学工具是远远不够的,在风险管理中,为了能够降低数学模型本身产生的操作风险,多年以来积累出一套完整的建模流程,从下一章起,我们就从模型的分类开始,逐一介绍建模流程中的各个步骤模块。

第 7 章

从零开始做一个模型（上）

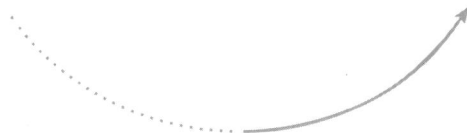

7.1　为什么需要模型：模型的需求定义

本节将要介绍模型的基本分类，以及在真正投入资源建立一个模型前，如何研究模型的可行性。

7.1.1　信贷业务中主要评分模型的分类

通常的风险分析师在日常业务中能够接触到的评分模型可分为两个大类，分别是通用评分模型（Bureau Score 或 General Score）和定制评分模型（Customer Score）。

通用评分模型是指由征信局或者外部的第三方数据服务机构，基于一个非特定客群的评分模型，例如，我国人民银行征信中心的"人行分"，就是一个通用评分，它的官方名字叫作"个人征信报告数字解读"；另外还有许多的第三方数据服务机构制作的各种信用评分。这些评分的共同特点是，它们不是针对某个金融机构的特定产品客群，而是对非特定客群都有的一定排序能力，因此，这类评分在研发的过程中，模型的稳定性或泛化能力与模型的排序能力几乎是同等重要的。

定制评分模型是指各个金融机构基于各自产品客群，为了特定业务场景而定制开发的评分模型，通常根据应用场景又可以分为以下几类。

（1）申请评分（Application Score，A卡）主要应用在用户申请或沉默用户重新激活的场景下。在此类场景下，没有很多机构内的用户行为可以做参照，因此模型的排序能力相对一般，主要将外部征信变量作为模型输入。

（2）行为评分（Behavior Score，B卡）主要应用在存量活跃用户管理。在此类场景下，由于机构可以积累大量的用户金融属性（借贷、还款等）的交互行为，模型的排序能力相对较强，除了外部征信变量以外，还会应用大量内部数据（On House Data）作为强有力的补充。

（3）催收评分（Collection Score，C卡）主要应用在用户预期逾期后的催收策略中，需要催收评分来对用户的回款能力或意愿进行排序，以便能够更好地分配人工催收资源、提升客户体验等。根据用户的逾期阶段不同，催收评分一般会按照用户所处的逾期阶段来进行区分，如Early-Stage和Late-Stage。

（4）欺诈评分（Fraud Score，F卡）主要应用在反欺诈领域，这里的欺诈通常根据应用场景可以被分为申请欺诈和交易欺诈。欺诈评分与其他评分最显著的差异来自Y的不稳定性。因此，通常的欺诈评分对建模周期的要求会更高。

（5）授权评分（Authorization Score）主要的应用场景是当客户在发生交易的瞬间基于订单的具体信息，对于客户未来的风险做出更加精准的判断，但由于对时效性要求较高，目前在行业中应用不多。

7.1.2　模型POC

先要明白我们为什么要做模型，是每一个希望深耕行业的模型工作者必须要想清楚的问题。先有需求，再谈模型，而不是相反。

为了了解清楚需求，要先回答下面几个问题：

（1）业务需求到底是什么？

（2）这是不是一个伪需求？

（3）这个需求是可达的吗？

需求的可达性，可能很多读者接触的比较少。真正做模型前，最好要搞清楚，这个模型的成果至少要显著优于随机。很多时候，基于模型的相应策略，需要模型的排序能力至少要达到一定的程度，策略才可能有效。千万别以为这是一个理所当然的事。

有时候真正做模型是一件非常耗时耗力的事，在大家真正准备开工之前，要做一些简单的论证工作，即POC（Proof of Concept）。常用的POC工具叫作Quick Model，是指先要很快做一个模型，即不做特别深度的特征工程，也会放过很多必需的模型的假设和论证，希望用很少的工作来证明这个模型（可能的）有效性。这其实也是数据收集和数据探索要做的事情，稍后再讨论。

但在模型POC的过程中，有以下两个潜在的风险：

（1）因为没有深度挖掘数据的特征，从而低估模型潜在的价值；

（2）因为忽略了很多模型的有效性检验，造成过拟合，从而高估模型潜在的价值。

在不同的场景下，这两个因素产生不同的影响，这就要借助每个人的经验。

7.1.3　模型的场景和局限

为了搞清楚一个模型的应用场景和局限性，以及后续为模型准备数据时制定行动纲领，在开始一项可能耗费非常多资源的模型工作之前，一个模型可行性报告是非常必要的，需要对如下的内容有比较清晰的认识。

（1）模型的应用场景，模型将如何被应用到信用策略中，可供使用的数据时间窗口及数据量，模型的因变量Y，可能会使用的自变量X是什么？每一种不同数据源的成本、对于模型应用的影响以及数据源的稳定性，所有模型时间点的自变量是否可以获得（是否可以回溯），POC的结果及其分析。

（2）模型的数学方法以及该数学方法是否能够被部署到生产系统中，模型分群的必要性，模型开发的可能时间表，是否有外部因素可能会影响模型部署后的有效性。

以上这些问题，有些是能够相对简单直接回答的，有些问题同样需要经过"数据收集"和"数据探索"来回答，清晰定义一个模型不是"拍脑袋"就决定的过程，而是一个不断从"假设"到"论证"的循环过程，并逐渐得到可行方案的过程。

7.1.4　数据收集

为了在定义模型的过程中更好地了解数据，数据收集是必要的步骤。在这里主要做两件事：收集所有可能的内部数据，这在数据设施建设比较完善的企业中相对简单，可能只用写几段SQL语句即可；但在绝大多数不那么完善的情况下，就比较麻烦了，将涉及非常多的原始数据解析的工作。

● 在内部数据不足或有潜在外部数据可以使用的情况下，收集外部数据，这里要注意回溯和成本。

数据收集一般有如下类型分别是：

（1）一个经过初步处理的宽表，这里主要包含了经过初步特征工程处理后保留的很多特征；

（2）行为表现数据，用来定义因变量；

（3）特征原始数据，这些可能是比较杂乱的原始数据，甚至有可能是未被解析的文本文件。

7.1.5　数据探索

在数据探索阶段，主要需要完成如下几项工作：

（1）自变量的可能性，每个不同数据源的查得率，各种有效字段的分布；

（2）针对经过初步处理的宽表，探索所有特征的分布，包括缺失值、各种统计量等；

（3）为了定义因变量所需要做的各种分析；

（4）模型POC所需的其他内容。

数据探索的核心就是基于自变量和因变量的单一变量分析（Univarite Analysis），尤其是针对一些核心的特征变量；通过数据探索，可以比较系统地了解本次模型基础数据的相关情况，并由此决定后续步骤如何开展。

7.1.6　模型样本准备

模型样本准备通常会被忽略，用简单随机数将准备好的数据集切分为训练集和测试集，但需要注意的是，在绝大多数风险模型场景下，Y的比例相对较小（一般都是个位百分数），那么也就意味着这个样本是非常容易受到各种因素的影响。在建模后发现训练集和测试集的模型表现差距过大，往往都是由最初的样本造成的。

为了避免因样本造成的模型偏差，在最初数据准备的阶段划分训练集和测试集时，推荐使用分层抽样（Straitified Sampling），而不是简单随机抽样。训练集（Training Sample）有时还会被称为模型样本（Modeling Sample）或建模样本（Development Sample）；测试集（Test Sample）也称时间内验证样本（In-time Validation Sample）或保持样本（Hold-out Sample）。

分层抽样法，也称类型抽样法。就是将总体单位按其属性特征分成若干类型或层，然后在类型或层中随机抽取样本单位。分层抽样的特点是：由于通过划类分层，增大了各类型中单位间的共同性，容易抽出具有代表性的调查样本。该方法适用于总体情况复杂、各单位之间差异较大、单位较多的情况。

分层抽样的具体程序是：把总体各单位分成两个或两个以上相互独立的完整的组（如男性和女性），从两个或两个以上的组中进行简单随机抽样，样本相互独立。总体各单位按主要标志加以分组，分组的标志与关心的总体特征相关。例如，正在进行有关啤酒品牌知名度方面的调查，初步判别，在啤酒方面男性的知识与女性的不同，那么性别应是划分层次的适当标准。如果不以这种方式进行分层抽样，分层抽样就得不到什么效果，花再多时间、精力和物资也是白费。

在做风险模型时，一般会按照申请评分或行为评分，根据不同的特征，现将样本分组，然后在每组内按照一定的比例划分训练集与测试集，一般来说不同场景共有的分组特征包括性别、年龄、地域等；其中申请评分特有的分组特征包括申请时间、申请渠道等；行为评分特有的分组特征包括账龄、交易时间、历史逾期表现、历史活跃度等。

测试集的主要作用是验证模型的稳定性，避免过拟合，但测试集从取样时间上与训练集是相同的，所以才叫作时间内验证样本（In-time Validation Sample），但模型能够成立有个重要的前提是模型的跨时间稳定性。因此除了测试外，一般还需要准备一个跨时间验证集，称为Off-time Validation Sample或 Out-of-time Validation Sample。这个样本的核心作用是检验模型的跨时间稳定性；目前很多机构通行的做法是选取一个比训练集更"晚"，或者说更贴近"现在"的时间所对应的样本，作为跨时间验证集，原因是这样可以校验模型在更贴近"现在"的样本上的表现。有时我反倒觉得，既然跨时间验证集的目标是检验模型在不同时间段样本上的表现，不如为跨时间验证集选取一个更"早"的样本，这样模型可以应用在离建模样本更近的样本上。其实这两种做法，没有绝对的对与错，希望读者有时间可以用【冠军挑战者测试】在某些实际环境中验证一下。

综上，从模型需求定义，到数据收集和数据探索的这一循环，其实就是一个简化的模型流程和对数据逐渐了解的过程，能够帮助我们真正清晰地了解即将面对的问题、潜在的收益和风险。当然不是说每一个模型都必须把这个流程的步骤完整地走一遍，对于那些只是做版本迭代的模型，相当一部分工作可以省去，请大家灵活掌握。

7.2 数据清洗

数据清洗是一件非常烦琐的流程，其中有很多细节通常不会被重视。当然，如果你平时只是把所有缺失值填充成0，并且觉得这没有什么不妥，那么下面的内容可以忽略。

7.2.1 数据清洗的分类

针对自变量的清洗主要包括缺失值（Missing Value）和极值（Extreme Value）的处理；针对因变量除了缺失值和极值之外，还有一种特殊的操作，叫作拒绝推断（Reject Inference），严格来说算不上数据清洗，但拒绝推断确实是由Y缺失衍生的问题，所以在这里提一句，后面会专门讨论。

如果要对缺失值进行分类，既可以按照原因分类，也可以按照结果来分类。如果按照缺失的结果来分类，用比较好听的名字就是：

（1）MAR：英文全称为Missing at Random，随机缺失，即 $p(\text{missing}) = p(\text{missing}|X)$；

（2）MCAR：英文全称为Missing Conditional at Random，完全随机缺失。当然也有人把MCAR记为Missing Completely at Random，此时，这个MAR就与

MCAR对应，针对MCAR与MAR对应，这只是一个习惯，不用深究。这种缺失是指，样本中缺失的概率与观测值有关，即 $p(\text{missing}) <> p(\text{missing}|X)$；

（3）MNAR：英文全称为MISSING NOT AT RANDOM，非随机缺失，即 $p(\text{missing}) = f(X)$。

另外，针对非数字类的变量，通常还会进行虚拟化的操作。

7.2.2　数据清洗的时机

在整合数据的过程中，数据清洗可以发生在特征工程前，也可以发生在特征工程后，当然也可以在特征工程前后都进行数据清洗。根据特征工程方法的差别，会对特征工程的值造成影响。

例如，对于某个人过去6个月的消费，如果想生成一个基于此的特征，可能会有如下几种结果：

（1）未做缺失值处理，若6个月中仅3个月有消费，很可能最后会只算了这3个月的平均值。

（2）做了缺失值处理，但没有做极值处理，鉴于均值对于极致的敏感性，可能会得到一个不那么好的特征。

可能有读者会说，极值也是真实消费，应该是计算在均值中的，这么说也不能完全算错。但需要注意的是，所有的模型和规则都是基于数据统计规律的总结，这就决定了生成这个规则的数据最好来自绝大多数人（普通人），而不是那些特例，尤其是在数据量不大的时候要格外注意。同时，很多时候这里的数据处理，不是为了防范那些已知数据中的"特例"，而是为了防止那些未来可能的"特例"。

（1）既做了缺失值处理，也做了极值处理。此时，才能称为一个合格的特征。这时可能又有人要说了，如果我生成一个类似中位数，这样对极值不敏感的特征，是不是就不用做了。答案是，最好还是做；原因是，由于此类特征，采集的样本点比较少，是基于个人行为事件来做统计，此时，即使是中位数这样稳定的统计量，也有可能会被影响。

7.2.3 原始数据缺失的原因及应对

在理想的情况下，宽表中应该没有任何缺失。通常情况下，缺失值有如下分类（根据缺失原因来分类）和应对方法。

（1）原生性缺失。原生行缺失大多会在原始数据中遇到，主要是指由于事件没有发生而造成的缺失。通常情况下，生产环境的原始数据都是以事件发生为基础，不断地进行插入（Insert）操作而记录的，因此如果某个单一主键事件完全没有发生过，那么在进行左联接（Left Join）操作时，就会产生缺失值。这种缺失值的处理相对简单，可以直接用零填充，也可以根据后续特征工程的逻辑在此处暂时选择不处理。

（2）错误性丢失。主要由生产环境或数据仓库的不当操作造成，这时就要看这部分人对应的比例，如果人数比例比较低，建议可直接将样本丢弃；如果人数稍微多了一点，建议用参照原生性缺失来处理，或者使用后面讲的一般性数据缺失的应对来做；如果这个比例非常高，那么，在数据探索阶段就应该发现，而不是等立项之后再来处理。

7.2.4 一般性数据缺失的应对

如果在特征工程前已经做过比较完善的缺失值填充，那么在做过特征工程之后出现的缺失值通常称为衍生性缺失，具体说来就是因为特征工程的算法逻辑而产生的缺失，其中，90%的缺失都是由分母为零造成的。

在遇到缺失值时，有如下常见的处理思路：

（1）保守处理：对于绝大多数有明确业务指向性的变量，当缺失值发生时，依据未知即风险的保守处理原则，将缺失值处理为最大值或最小值。也就是说，如果某个变量与风险呈正相关的取值，那么就将缺失处理为改变量可以观测到的或理论上的最大值。该类方法不适用于通过机器学习方法生成的很多变量，因为很多此类变量无法判断明确的风险属性。

（2）激进处理：与保守处理相对应。

（3）平均值（中位数）处理：将缺失值处理为样本中该变量观测值的平均值（或中位数）。这种方法是介于前两者之间的一种方案。

（4）依表现（Performance Based）处理（也可以称为逆回归处理）：这种方法的本质是做了一个基于单一X和Y的逆回归（Reverse Regression）推断。即先用未缺失的X和Y，做一个逆回归（用Y回归X），得到这个模型后，将X缺失样本的Y代入模型，便得到X的填充值。该方法的优点就是对X缺失值的处理，更加符合数据表现，且适用于那些经过一些机器学习方法生成但不具有明确业务指向性的变量；但缺点就是计算量较大，尤其是在变量比较多的时候，为了实现高效的处理，对模型人员的代码水平也提出了较高的要求。为了降低计算量，也可以使用切片逆回归（Sliced Reverse Regression）进行处理，具体方法是先将未缺失的X进行分段，然后分别计算每个分段的Y的均值，此外再计算"缺失"样本Y的均值，便知道缺失值对应的分段，最后取这个分段中的某个值即可，此方法在后面介绍虚拟化时会有举例说明。

7.2.5　极值处理的场景

处理极值（Extreme Value）和缺失值不同，因为缺失值的存在会让建模过程无法进行；但处理极值是为了提高模型的稳定性和适用性，属于防御性处理。

极值处理的防御性主要体现在以下几点：

（1）降低模型估计值的方差。对于绝大多数回归模型而言，都会依赖最小二乘估计或极大似然估计来进行参数拟合，但当样本中存在极值时，就会使得估计值的方差变大（对极值敏感），从而降低模型的稳定性及适用性。

（2）防御未来可能出现的异常值。把一个模型部署到生产环境后，是无法阻止有那些超出模型"定义域"的值，也就是说可能会有一些在建模样本中未曾出现过的值，此时也是需要确定相应的极值处理策略。

7.2.6　异常值的处理方法

为了讲解严谨，我在极值后面加了异常值（Abnormal Value），是因为对于无序列表（Nominal）或有序列表（Ordinal）型的变量，那些未曾在模型样本中出现的值，不能叫作极值，只能称为异常值。

为了降低极值对于模型方差的影响，通常会对变量进行两种操作，分别是封顶处理（Capping，或者Ceiling）和托底处理（Flooring）。

（1）封顶处理（Capping）是针对极大值所做的操作。将所有模型样本中大于某个阈值h的c_1倍的值，全部强制设置为$c_2 \times h$，即 if $x > c_1 \times h$ then $x = c_2 \times h$，此处c_1和c_2是根据通常的习惯确定的两个常数。一般来说，这两个参数对于模型的表现和稳定性没有显著的影响，因此不建议花费过多的时间去尝试不同的常数。我的建议是$c_2 \geq c_1$，且c_1和c_2都是1~10的自然数。如果非要用类似2.7 182 818和3.1 415 926的小数，也可以；而h是使用特征X的p_{99}或p_{95}分位数（p_{99}使用比较多）。

（2）托底处理（Flooring）与封顶处理（Capping）相反，是针对极小值进行的操作，操作类似这里不再赘述，而且绝大多数特征是不需要做Flooring的，因为多数次数和金额类变量的最小值都是0。这里需要注意，有些公司比较喜欢对特征做基于一些单调函数变换，例如平方、平方根和自然对数等变换；当对变量进行自然对数变换时，一定要让X和一个很小的数取大，如$\max(0.000001, X)$，这样即可以防止因为一个很小的数，使得对数变换后出现一个极小值，也可以避免对0取对数，从而又产生一个新的缺失值。

在防御未来可能出现的极值或异常值时，通常可以取样本中的最大值、最小值；对于异常值设置else即可。

综上所述，数据清洗的质量很多时候直接决定模型的质量，这个模型不仅是模型的表现，而会更多地影响模型稳定性和容错能力。进行数据清洗，有助于进一步了解数据质量，为后续的建模打下扎实的基础。

7.3　特征提取

本节将主要讨论特征工程。这里的特征工程是狭义的特征工程，特指从原始的面板数据中提取特征的过程，但不包括特征的选择。这是一个特别重要的内容，主要有以下几点原因：

（1）因为在绝大多数公司，对于常用的数据源都已经有一套成熟的特征提取机制，而很多读者在建模的过程中很少需要自己去进行特征的提取，所以会觉得这部分的内容没什么用；

（2）由于水平有限，介绍得太简单，怕大家觉得没用；介绍得稍微多，又怕出错。

7.3.1　为什么需要特征工程

简单而抽象地说，特征提取是为了能够在尽可能少损失信息的前提下，将原始数据转化成满足数学模型要求的数据格式的过程。目前在信贷行业内，用来预测用户行为的主流数学模型，对输入数据都有一个基本的要求，即对每一个样本，都必须是一个 N 维的向量，而且向量中的每一个元素都必须是一个实数。

另外，现在深度学习经常会被同行提起，但深度学习所使用的各种神经网络模型与通常使用的数学模型，一个特别显著的差别就是，深度神经网络模型中内置了特征提取的模块（大家可能听过的"卷积"和"池化"之类的），因此可以支持原始数据直接进行建模训练，但到目前为止，这些模型中的特征工程模块仅仅支持那些高度标准化的原始数据输入。

这些高度标准化的数据包括声音、图像、文字、视频等。而针对信贷行业通常会遇到的非标输入，并没有直接的证据证明，这些模型能比常用的模型提供更优的预测结果。但是借助构建深度学习网络的思维，确实可以帮助建立一套快速模型迭代的框架，这是后话。

7.3.2 原始数据的分类

下图是目前在信贷领域可能遇到的原始数据类型的汇总，下面会一一给大家讲解。

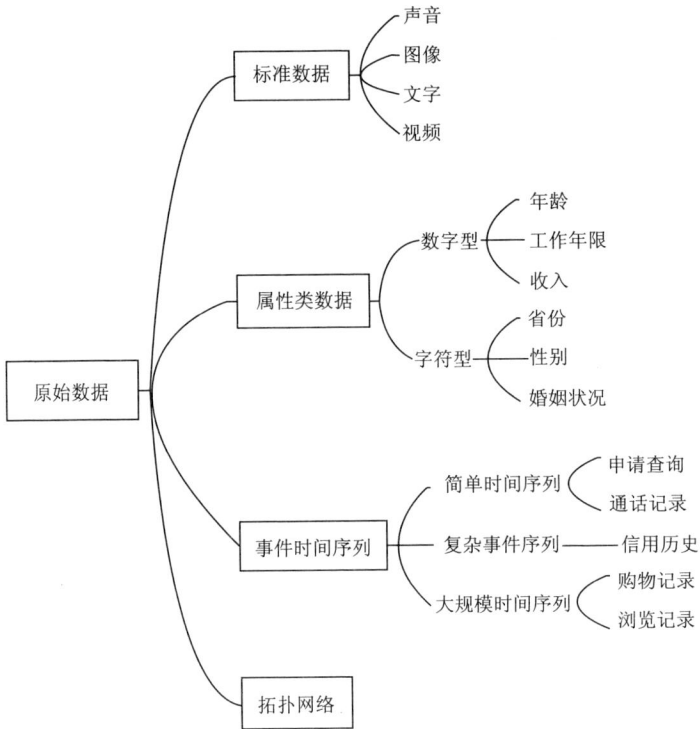

1. 按照数据结构的分类

（1）属性类数据

属性类数据中的数字型数据可以直接使用，就像上图中所列的年龄、工作年限，类似的还有年收入、手机号入网时长等；而属性类数据中的字符型变量，如果只是性别这样只有两种取值的变量，只需使用简单的虚拟化操作即可，但对于取值在三种及三种以上的属性类变量，通常会使用WOE或OneHotEncoder的方法来做处理。

（2）事件时间序列—简单事件序列

简单事件序列其实是复杂事件序列的一种特殊情况，但正如下图所示举例的"查询记录"，这类信息在几乎所有的信贷模型中都非常显著，所以特别把它单独拿出来进行介绍。

机构查询记录明细

编号	查询日期	查询机构	查询原因
1	2021.07.06	土默特左旗农村信用合作联社	贷款审批
2	2021.06.22	清水河县农村信用合作联社	担保资格审查
3	2021.05.29	中国民生银行股份有限公司信用卡中心	贷后管理
4	2021.05.25	清水河县农村信用合作联社	担保资格审查
5	2021.05.10	中国农业银行股份有限公司	信用卡审批
6	2021.05.06	徽商银行股份有限公司	信用卡审批
7	2021.03.25	清水河县农村信用合作联社	贷款审批
8	2021.02.27	中国民生银行股份有限公司信用卡中心	贷后管理
9	2021.01.20	中国建设银行股份有限公司内蒙古自治区分行呼和浩特分行	信用卡审批
10	2021.01.11	中国对外经济贸易信托有限公司	贷款审批
11	2021.01.08	晋商消费金融股份有限公司	贷款审批
12	2020.11.28	中国民生银行股份有限公司信用卡中心	贷后管理
13	2020.08.29	中国民生银行股份有限公司信用卡中心	贷后管理
14	2020.07.10	捷信消费金融有限公司	贷款审批
15	2020.06.11	平安银行股份有限公司	贷款审批
16	2020.05.30	中国民生银行股份有限公司信用卡中心	贷后管理

简单事件时间序列，以查询记录为例，主要关注以下两点，即申请查询这个事件在一定时间内发生的频率，以及这个事件发生的频率变化。

（3）事件时间序列—复杂时间序列

而事件时间序列是在上面的基础上，给每一种事件增加了各种维度的度量。

下图是征信报告的一个样例，是"信贷信息交易明细"中"贷记卡"的一部分，这里的每一张卡都有很多属性，类似于开卡时间、已用额度，本月应还款等等信息。

4. 2010 年 01 月 15 日机构 "中国建设银行广西壮族自治区分行" 发放的贷记卡(人民币账户),业务号 CR6283660******1,授信额度 30,000 元,共享授信额度 55,000 元,信用/免担保。截至 2017 年 11 月 02 日,

账户状态	已用额度	最近 6 个月平均使用额度	最大使用额度	本月应还款
正常	0	0	30,000	0
账单日	本月实还款	最近一次还款日期	当前逾期期数	当前逾期金额
2017.11.02	0	2016.10.18	0	0

2015 年 12 月-2017 年 11 月的还款记录

N	N	N	N	N	N	N	N	N	N	1	N	*	*	*	*	*	*	*	*	*	*	*	*

5. 2009 年 09 月 08 日机构 "中国光大银行股份有限公司南宁分行" 发放的贷记卡(美元账户),业务号 USD481699000******,授信额度折合人民币 101,882 元,共享授信额度折合人民币 0 元,信用/免担保。截至 2017 年 11 月 05 日,

账户状态	已用额度	最近 6 个月平均使用额度	最大使用额度	本月应还款
正常	0	0	0	0
账单日	本月实还款	最近一次还款日期	当前逾期期数	当前逾期金额
2017.11.05	0	2009.09.08	0	0

2015 年 12 月-2017 年 11 月的还款记录

*	*	*	*	*	*	*	*	*	*	*	*	*	*	*	*	*	*	*	*	*	*	*	*

6. 2010 年 09 月 02 日机构 "中国工商银行广西壮族自治区分行营业部" 发放的贷记卡（美元账户）,业务号 45ACCCFC8BCCF3AB59B8CC1ECCC765******8D6,授信额度折合人民币 0 元,共享授信额度折合人民币 0 元,信用/免担保。截至 2017 年 10 月 31 日,

账户状态	已用额度	最近 6 个月平均使用额度	最大使用额度	本月应还款
正常	0	0	0	0
账单日	本月实还款	最近一次还款日期	当前逾期期数	当前逾期金额
2017.10.31	0	2010.09.02	0	0

2015 年 11 月-2017 年 10 月的还款记录

*	*	*	*	*	*	*	*	*	*	*	*	*	*	*	*	*	*	*	*	*	*	*	*

7. 2009 年 04 月 23 日机构 "招商银行" 发放的贷记卡（人民币账户）,业务号 00000000000000000000*********56,授信额度 30,000 元,共享授信额度 30,000 元,信用/免担保。截至 2017 年 08 月 12 日,账户状态为 "销户"。

针对事件时间序列类数据(简单或复杂),通常会用业务逻辑归纳的处理方法。

通常会用是指对于一些通常理解的 "金融强相关" 数据(如征信报告),在进行特征提取时,更注重最终特征的 "信达雅","信" 即特征有预测能力;"达" 特征符合业务逻辑;"雅" 特征逻辑简单直接。反之,在很多 "金融弱相关" 的数据特征提取时,对 "达雅" 的关注程度就会弱很多,其中缘由并不是不关注,而是选择一个最重要的特征的逻辑,在 "信达雅" 无法同时满足的时候,选择 "信"。

（1）事件时间序列—大规模事件序列

大规模事件序列也是复杂事件序列的一种特殊情况，和简单事件时间序列不同的是，它走了另一个极端，即几乎所有的单一事件都不太显著，而且事件又非常多，类似购物记录、网页浏览（贷款网站论坛除外）记录，App（除借贷类App）安装列表，等等。这类事件有一个共同的特点，事件的数量很多（Large-Scale），但每一个事件又很稀疏（Sparse），此时通常的选择是使用机器学习特征提取去追求"信"了。

或者需要将业务逻辑归纳和机器学习特征提取做结合，通常的逻辑是先用业务逻辑归纳将多维事件变为简单事件，再应用机器学习特征提取去提取；另外在很多交易欺诈模型中，需要将大规模事件序列提取成为用户的画像特征。

针对这里的大规模问题，还有一种操作简单，但是使用不慎会损失很多信息的方法，即对事件进行分组归类，这样会把大规模事件强行降为正常事件。

（2）拓扑网络数据

拓扑网络数据通常会在欺诈类的模型中遇到，对于有拓扑网络结构的数据，通常可以使用网络节点评分、随机游走扩散和网络特征描述等方法进行特征提取（见下图）。

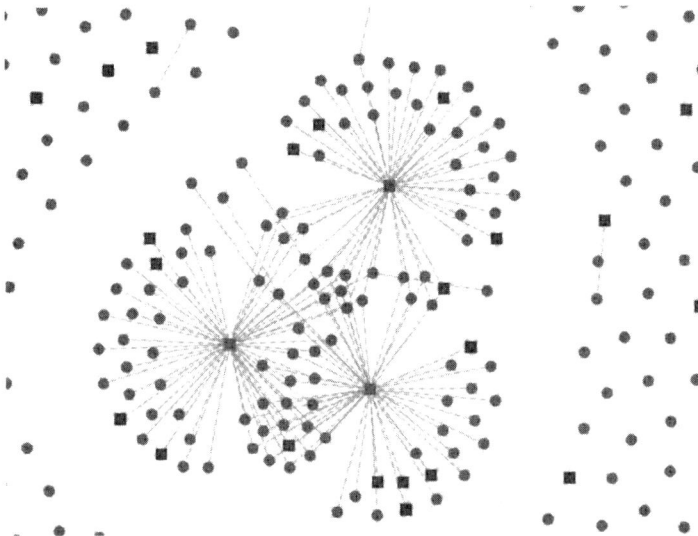

2. 按照数据来源进行分类

（1）用户申请数据

用户申请数据的主要来源是由金融机构要求，并由客户主动填写而获取的信息，是风险分析过程中唯一的主观数据，此类信息一般包括住址、职业、学历、收入等。此类数据最大的特定就是难以保证其真实性，尽管根据历史经验，总会有七八成的用户会真实填写相关的信息，但还有相当的客户会进行一定程度的虚构，因此，在使用此类数据时要注意的是，可以作为负面判断的主要依据，但尽量不要以此对客户做出正面反馈，存在一定的风险；具体到模型中需要注意的是，区别于其他的客观数据来源，应在分析前仔细地分析变量的分布，并且对极大值的处理要用更加保守的方式，以收入为例，如果收入的P99为15 000，一般不倾向于用15 000来做封顶处理Capping，而是推荐使用如P90甚至P75作为该值的上限，其核心思想就是尽量不依赖主观数据做过于正面的判断。

（2）用户交互数据

这里的交互是指非金融业务（借款交易、还款交易、申请信贷等）交互外的其他交互行为。主要包含用户在购物网站的浏览记录（如果有的话），用户在各个页面的跳转记录，用户在申请借款的过程中每个元素获取焦点、失去焦点的时间等。此类数据的金融属性偏弱，在业务量比较小或业务初期（总之，数据量比较小）相对投入产出比相对较低。

（3）App采集数据

通过移动应用采集到的用户数据主要包含机器唯一识别码（IMEI、GAID、UDID、IDFA、MAC地址等）手机型号、屏幕分辨率等一些设备信息，以及其他比较敏感的信息（求生欲非常强）等。需要特别注意的是，目前随着个人隐私保护意识的加强，能够采集到的信息会越来越少，据说MIUI的某个版本甚至允许用户自定义手机的设备参数。

另外，IMEI和UDID分别是安卓手机和苹果手机的唯一设备标识，也是很多机构用来定义唯一设备的主要依据之一，但未来有逐渐禁止采集的趋势；GAID和

IDFA分别是谷歌和苹果的广告ID，它们就是你在浏览器中搜索过的内容，貌似互联网公司在给你推荐的相关商品（国内的手机没用GAID，用的是各个手机厂商的广告ID），但你要知道，用这两个ID而没有用IMEI和UDID，都是良心做法，原因是为了保护隐私，GAID和IDFA可以由用户自行重置，有很多公司不讲信用，直接用IMEI，想躲都躲不掉。

很多风险分析师，尤其是从事反欺诈相关工作的读者，可能会觉得机器码，就像身份证号一样是不会变的，但实际情况完全不是这样。

（1）用户业务数据

用户业务数据是基于用户和金融机构的交互，如提现还款等业务行为所产生的数据，这些数据在行为评分中都是最显著特征的数据来源，常见字段有：额度、余额、贷款状态、交易额等。

（2）标准征信数据

在我国，个人征信报告由中国人民银行征信中心进行运营、维护等相关工作，所有人的信用报告都存储在个人信用信息基础数据库中。在征信中心对外提供服务时，根据服务对象的不同，征信报告中包含的信息不同，目前在市面上主要能看到的版本是个人简版、个人详版、银行版及保险版等。征信中心提供服务不是无偿的，而是一项收费服务，同时鉴于个人征信报告在我国的重要地位，公民对于在征信报告中出现的信息是非常敏感的，这决定了金融机构在查询公民征信报告时非常谨慎。

在实际的业务中，绝大多数提供多头借贷或多头申请数据查询服务的第三方数据公司，他们的底层数据与个人征信报告中的"机构查询记录明细"很类似，记录了曾经有哪些金融机构查询过你的征信报告。下图所示为征信报告中的某一部分。

机构查询记录明细			
编号	查询日期	查询机构	查询原因
1	2021.07.06	土默特左旗农村信用合作联社	贷款审批
2	2021.06.22	清水河县农村信用合作联社	担保资格审查
3	2021.05.29	中国民生银行股份有限公司信用卡中心	贷后管理
4	2021.05.25	清水河县农村信用合作联社	担保资格审查
5	2021.05.10	中国农业银行股份有限公司	信用卡审批
6	2021.05.06	徽商银行股份有限公司	信用卡审批
7	2021.03.25	清水河县农村信用合作联社	贷款审批
8	2021.02.27	中国民生银行股份有限公司信用卡中心	贷后管理
9	2021.01.20	中国建设银行股份有限公司内蒙古自治区分行呼和浩特分行	信用卡审批

金融机构向征信中心或第三方的数据服务机构发起查询主要是对信贷申请人进行审核、贷后管理等。中国人民银行征信中心对于所有的商业银行如何进行信息上报进行了非常详细的约定，因此可以看到有一列叫"查询原因"，这在目前所有可能接触到的征信数据中几乎是独有的。一般来说，信用卡审批或贷款审批由客户主动发起，因此这种行为在绝大多数场景下与用户的风险是显著正相关，那么到底显著到什么程度呢？

用户和大多数贷款业务员都知道，银行或各种金融机构会根据这个指标来做风险判断；而贷后管理通常由金融机构主动发起，在相关的工作中要非常注意。

3. 原始数据分类小结

分类是人类认知事物并积累经验一个非常有效的办法，通过不同分类可以更清晰地理解不同数据的特点，后面的特征工程正是基于这些特点，对原始数据制定针对性的提取方案。万变不离其宗，即便是完全不同的原始数据，只要某种范畴的分类是相似的，都可以复用相应的特征生成逻辑，这也是模型的必修课。

7.3.3 特征工程的主要方法

1. 虚拟化

前面简要介绍了虚拟化的概念，本节讨论在模型或分析的过程中虚拟化的具体用途。

虚拟化主要针对非连续型的自变量或者特征，通过一定的变化，将一个离散的事件转化为可以被模型识别的数值型变量，而不影响变量本身所反映的信息。这很重要，与前面讲过的序数型变量和无序列表型变量处理方法不一样。

对于无序列表型变量几乎可以直接使用OneHotEncoder，这个名词听上去很生僻，用下面一个例子就可以解释清楚：

找一个信贷中常见字段，县（区）。大概在每个金融机构都有一份地址黑名单，简单地说，就是如果身份证号的前六位落在某些特定的地区，那么大概率不管申请什么信贷产品，都会被拒绝。

根据前两天百度的数据，截至2019年，我国共有2 845个县级行政区，也就是说身份证号的前6位一共有2 845种组合。如果使用OneHotEncoder方法，就会生成2 845个0～1的变量，分别代表这个身份证号是否是某个特定的县，将这些变量引入模型中。这种方案相对简单、快速，但会造成一定程度的信息冗余。在实际的建模过程中，对于尤其是自由度比较高的离散变量，都要做一些预分析，进行更高效的虚拟化。

这里引入一个概念——支持度（Support），是指有多少数据来支持这个观点，这个概念来自超市、电商常用的关联规则类分析方法。通常的支持度是相对的，是指在整体样本中有百分之多少的样本能支撑观点，但在实际运用时，还要关注样本的绝对数量。还是上面的例子，假如有个县，观察到的逾期率非常高[这个指标也可以称为置信度（Confidence）]，但是这个县在整体样本中的占比非常低（通常至少比平均数低一个数量级，个人经验，仅供参考），且从绝对数量上来说也很少，那么这个数据的支撑度就比较低，也就是说不会采纳这个结果。

回到虚拟化，预分析的第一步就是挑出那些支持度比较高的值生成虚拟变量，至于那些支持度比较低的变量，通常的操作是，并成一组—"其他"。这样，在进行变量筛选前，就已经大幅减少工作量了。

做到这一步，变量的信息提取已经相对完整，由同一个变量所衍生出的虚拟变量同时进入模型，从模型的预测力角度来讲没有问题，但这个结果总是不那么"整齐"优雅，产生变量过多在回归模型中会引起多重共线性诸如此类的问题。为了使变量看起来更优雅，还有一步工作要做。

使用切片逆回归做信息提取，使一个离散型的变量转化为一个更稳定的联系型变量。

如下表所示，排序是按照支持度排序，"其他"就是那些因支持度过小，形成合并的县，WOE(X)是指将每个县对应的逾期率经过WOE变换得到的值。

原变量的值	对应的逾期率	新变量的值
县1	2%	WOE(2%)
县2	3%	WOE(3%)
……	……	……
县N	0.5%	WOE(0.5%)
其他	0.4%	WOE(0.4%)

这个方法同样适合于连续型变量和序数型变量，只不过应用在连续型变量时，要先做离散化；而对于序数型变量在计算好支持度后，是不能随便合并的，要遵循领域合并原则。可能会有人觉得这个做法有点多此一举，但这个步骤是某些金融机构建立评分卡模型的必要步骤，对于连续型变量，虽然会损失自由度，但是可以捕获原始变量无法获取的非线性相关关系，以便提升模型表现；但对于以决策树为基础的模型，对于提升模型表现的作用就非常有限，反倒会因为降低了自由度，对模型表现可能会有负面作用。

另外对于连续型变量和序数型变量做虚拟化时，还需要决定是否邻域合并，即对于很多非单调变量（X与Y不是单调的），是否要为了特征的变量的显著性，将WOE相近但在空间上并不连续的区间进行合并。

最后解释一下为什么叫切片逆回归。为了将连续型变量离散化（对于离散变量本身就已经是切片），统计学中引用了一个生物学的概念切片；而建模的本意是用X回归Y，但在这里，是用Y来回归X，生成这个衍生变量，因此，这个过程就被形象地称为逆回归。

做完以上工作，就将一个无序列表型变量（也完全可以应用在各种变量的处理中）在不损失信息的前提下，将其变成一个优雅的连续型变量。

2. 序数型变量的操作

目前出于隐私保护的合规性要求，有很多第三方数据的服务商，在进行数据输出时，会做一个类似虚拟化的逆操作，通常叫离散化、区间化、网格化、模糊化，来降低原始数据的自由度，以保护隐私。例如对于每个手机号，都有一个叫作入网时长的属性，意思是这个手机号被他的拥有者已经使用了多久（一般以月为单位），当该变量越大，就说明该人的社会关系比较稳定，那么这个人的信用风险和欺诈风险都会相对较小。但是，从手机运营商的角度，即便在用户授权的情况下，直接向金融机构提供这N个月，也存在一定的泄露隐私的风险，如下表所示可以直观地展示这个区间化的操作。

原始值（入网时长 N）	输出值（区间化的入网时长）
$N<=3$	1
$3<N<=6$	2
$6<N<=12$	3
$12<N<=24$	4
$24<N$	5

所以，如果看到这个变量的值是1~5的5个数字，如果不去深究，可能就会直接将这个变量输入模型中，但这样其实是将这个变量的信息扭曲了。在以决策树为基础的模型中（决策树、随机森林、GBDT、LightGBM等）影响相对较小，但在以回归模型（线性回归、逻辑回归）为基础的模型中可能会造成信息扭曲。

除了使用切片逆回归以外，还有一种更简单的操作，如下表所示。

原始值（入网时长 N），真实 N 对我未知	我看到的值（区间化的入网时长）	可选方法 1 最小值	可选方法 2 最大值	可选方法 3 中间值
$N<=3$	1	0	3	1.5
$3<N<=6$	2	3	6	4.5
$6<N<=12$	3	6	12	9
$12<N<=24$	4	12	24	18
$24<N$	5	24	$24+K$ K 任意指定	$(24+K)/2$ $K>2$

这里借鉴了缺失值、极值处理的思路来进行的变量处理。

综上，就是针对单一属性变量的特征工程的简要介绍，下面介绍面板数据的特征工程。

3. 标准征信数据的特征提取

根据之前的介绍，不管是外部的征信报告还是基于本机构还款变现的数据，其本质上都是一个基于时间的状态或事件序列。归根到底，这类数据就是时间+交易+状态（事件）。

这里的状态（事件）可以是还款、余额、额度、逾期状态、查询等。

交易（Trade）是指每个人和金融机构签订的一种金融产品合约，比如，一张信用卡、一笔贷款等。这个名词是我之前学到的，我把它直译成"交易"，但也许称产品更贴切，由于我国二代征信报告马上就要正式推出（截至我写书时），这里的交易也可以泛指水费、电费、煤气费、电话费等。对于本机构的数据就是客户与本机构产生交易的金融产品，一个或多个。

用一句话来总结标准征信数据的特征提取就是：用各种统计量来描述这些交易、事件、状态。

这里说的统计量，一般可以分为两类，分别是特定时间的统计量和时间趋势类的统计量。下表中举几个例子，大家就应该明白了。

特定时间的统计量	时间趋势类的统计量
目前的所有信用卡的额度之和	过去 6 个月的在贷余额是否在连续增长
目前的所有处于逾期 30+ 状态的信用卡的额度之和	上个月的消费与过去 6 个月的平均消费相比增长了 X%
过去 6 个月的申请查询次数	距离上一次发生超过逾期 90 天已经过去了几个月
过去 12 个月发生过逾期 60 天的交易的个数	上个月的在贷余额比过去一年中的最大值下降了 X%
所有激活的信用卡的在贷余额之和	过去 12 个月，在贷余额最长连续增长了 X 个月

正如大家看到上面的变量，特定时间的统计量是指统计某个特定时间中处于某些特定状态的某些特定交易类型的某些属性（额度、余额）或时间（查询，逾期）的统计（和、计数）量。分析师的任务就是绞尽脑汁把这些参数中的所有情况都穷举出来。在实际的业务中，总有一些类型的变量比其他类型的变量更显著，类似在某些特定时间的查询次数，历史上有没有发生过各种类型的逾期，目前的贷款和信用卡余额等。

4. 业务逻辑提取

对于贷款业务来说，用户除了之前提到的提现和还款这两个行为及所对应的金额以外，也会使得用户在金融机构的属性状态发生一定的变化，比如逾期状态和在贷余额等。这些行为本身和这些行为变化所构成的时间序列，是通常能够接触到的最强金融关联性字段集合，这些字段会被用在用户的行为评分中，这也就解释了为什么通常看到的行为评分比申请评分预测的准确度更高。

在用户发生取现或还款行为的时候，除了最直接的这两种行为对应的时间和金额会发生变化外，还有如下的属性或状态会发生变化（包括但不限于）：

（1）在贷余额；

（2）逾期状态；

（3）期款；

（4）可用额度；

（5）额度使用率；

（6）是否提前还款。

因此，基于业务逻辑提取特征的几个基本逻辑分别如下：

（1）某个属性在一个特定时间段内某个描述统计量。比如，过去3个月用户平均取现金额，过去一年用户的最大在贷余额，过去半年最小额度使用率等。

（2）某个属性在几个等间距的时间间隔内描述统计量的变化。比如，过去12个月用户在贷余额最长连续增长的月份数，过去12个月用户提现金额>0的月份数，过去12个月用户余额的最大值与平均值之比，过去12个月用户余额的最大值与用户上个月的余额之比，

（3）用状态和属性交叉出一个新的属性，重复如上的两个逻辑。这里仅就交叉举个例子，如属于提前还款的还款金额、处于未逾期（Current）状态的在贷余额等。

以上的几种逻辑与征信变量的提取非常类似，这里不再赘述。

另外，关于特征提取，其实每家公司都会有一套比较成熟的特征生成逻辑，对于绝大多数建模人员来说，不太会有机会去搭建这个特征体系，但这个过程对于每一个风险分析师来说，是一个能够深入理解用户行为体系构建的绝好机会，这里强调几个经常被忽略的点。

（4）用户属性和状态，它们所代表的信息是不同的，有些属性或状态非常容易受到机构本身运营行为的影响，而不能单纯代表用户本身的行为。并不是其他行为不会被影响，只是被影响的程度不同，如果在建模的过程中忽略这个差异，是会造成一些鸡生蛋，蛋生鸡循环的，这种循环会带来意想不到的效果，当然往往是不良影响（放大风险敞口），这种做法通常被称为循环引用（Circular Reference），在建模过程中尽量避免。比如额度，在建模过程中如果不注意，极易造成这样一个循环：用户风险低→模型中额度与风险负相关→用户行为评分较优→用户提额→模型中额度与风险负相关→用户行为评分较优；还有可能由各种内部定制评分的循环引用等。

（5）之所以用类似"某个属性在一个特定时间段内某个描述统计量"这么拗口的归纳，原因是每一类逻辑都构成了一个连续或离散的特征空间，为了能够更全面描述用户行为，或者在将面板数据转化为宽表数据时，尽可能地少损失信息，需要尽可能地遍历每个维度（各种业务属性维度、各种时间窗口维度、各种统计量维度等）可能的值，这是一个不断积累的过程，随着分析师在每个项目中不断完善。

（6）在生成特征时一定要注重特征的可解释性，即每个特征一定有明确的高风险或低风险指向，或者只是针对某个特定客群有明确的高风险或低风险指向，或者对没有明确风险指向的特征做单独标注，在使用时要注意。这些年，随着大数据这个火热的概念，大家越来越信奉相关性而忽略因果性，但在风险领域，绝大多数机构掌握的数据并不足以让我们忽略因果性。盲目地相信相关性而忽略因果性是会带来一定操作风险的。

5. 自动特征生成工具

在前面基于业务逻辑提取中提到，每个特征变量都包含了业务属性维度、时间窗口维度、统计量维度，以及更进一步的时间序列变化维度，如果能够自动遍历每个维度可能的取值，就可以极大地减轻分析师代码工作量，并且可以更全面提取面板数据中的信息。

随着这个思路进一步的发展，业界发展出了一类方法——"深度特征合成（Deep Feature Synthesis）"。这个概念是2015年在 IEEE International Conference on Data Science and Advanced Analytics (DSAA)中由JM Kanter和K Veeramachaneni首次提出的，其核心思想并没有它的名字听起来那么高深。基于前面的讲解，很多标准数据的特征衍生从代码的角度可以看成是两类操作：

（1）单表变换。比如虚拟化、一些简单的SQ、SQRT、LOG变换；

（2）多表合并后的group by 聚合操作，比如max、min、mean、median等。

Featuretools的项目，基于DFS的概念，为大家提供了自动化特征的工具。

具体的用法请大家自行参考官方文档或者在网上自行搜索，这里只解释几个关键的概念，帮助大家理解：

（1）实体集（EntitySet）或实体（Entity）。实体就是这个工具里的表，在初始化工具时，要把Python中的DataFrame先转化为一个实体，比如下图中的三个表就是Featuretools中的Entity。其中customer_id、session_id和transaction_id是将各个表关联起来的主键。如下图所示看起来比较像一个购物的例子，customer_id就是一个顾客，session_id就是一个页面，transaction_id也许就是页面上的商品（类比不一定准确）。

```
In [3]: customers_df = data["customers"]

In [4]: customers_df
Out[4]:
   customer_id  zip_code          join_date date_of_birth
0            1     60091  2011-04-17 10:48:33    1994-07-18
1            2     13244  2012-04-15 23:31:04    1986-08-18
2            3     13244  2011-08-13 15:42:34    2003-11-21
3            4     60091  2011-04-08 20:08:14    2006-08-15
4            5     60091  2010-07-17 05:27:50    1984-07-28

In [5]: sessions_df = data["sessions"]

In [6]: sessions_df.sample(5)
Out[6]:
    session_id  customer_id   device        session_start
13          14            1   tablet  2014-01-01 03:28:00
6            7            3   tablet  2014-01-01 01:39:40
1            2            5   mobile  2014-01-01 00:17:20
28          29            1   mobile  2014-01-01 07:10:05
24          25            3  desktop  2014-01-01 05:59:40

In [7]: transactions_df = data["transactions"]

In [8]: transactions_df.sample(5)
Out[8]:
     transaction_id  session_id     transaction_time product_id  amount
74              232           5  2014-01-01 01:20:10          1  139.20
231              27          17  2014-01-01 04:10:15          2   90.79
434              36          31  2014-01-01 07:50:10          3   62.35
420              56          30  2014-01-01 07:35:00          3   72.70
54              444           4  2014-01-01 00:58:30          4   43.59
```

（2）特征算子（Feature Primitives，也有人翻译成特征基元），我其实比较喜欢算子这个翻译，因为在数学中，算子（Operator）就是一个函数空间到函数空间上的映射O: X→X，比较贴近这个操作的本意，即在将各个表连接起来后对各个字段（如上图中的"amount"）的操作，在Featuretools中包含如下两类操作：

① 聚合算子（Aggregation Primitives），是指把能够关联起来的实例（Instances，其实就是通常每张表中的一条记录）聚合成一个单一值，如下图所示。

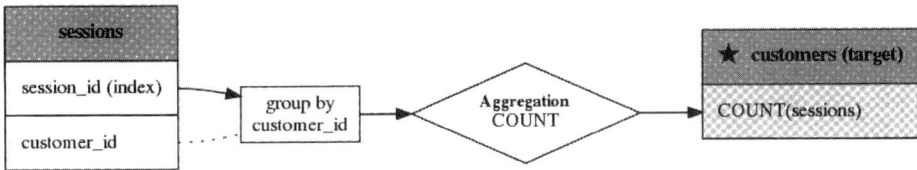

② 变形算子（Transform Primitives），即上面提到的类似SQRT等变换，如下图所示。

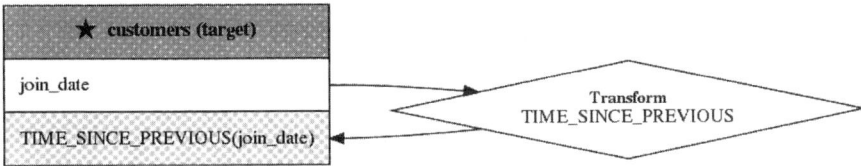

Featuretools工具中除了提供了一个巨大的特征算子库，同时还提供了定制算子的功能。

特征生成的结果如下图所示，类似COUNT(Sessions)、MODE(Sessions.device) 都是自动生成的特征。

```
In [11]: feature_matrix_customers, features_defs = ft.dfs(entities=entities,
    ....:                                                 relationships=relationships,
    ....:                                                 target_entity="customers")
    ....:

In [12]: feature_matrix_customers
Out[12]:
             zip_code  COUNT(sessions) MODE(sessions.device)  NUM_UNIQUE(sessions.device
customer_id
1              60091          8                  mobile
2              13244          7                 desktop
3              13244          6                 desktop
4              60091          8                  mobile
5              60091          6                  mobile
```

除此之外，Featuretools还非常贴心地提供了图形化工具帮助大家去理解整个特征生成的过程，如下图所示。

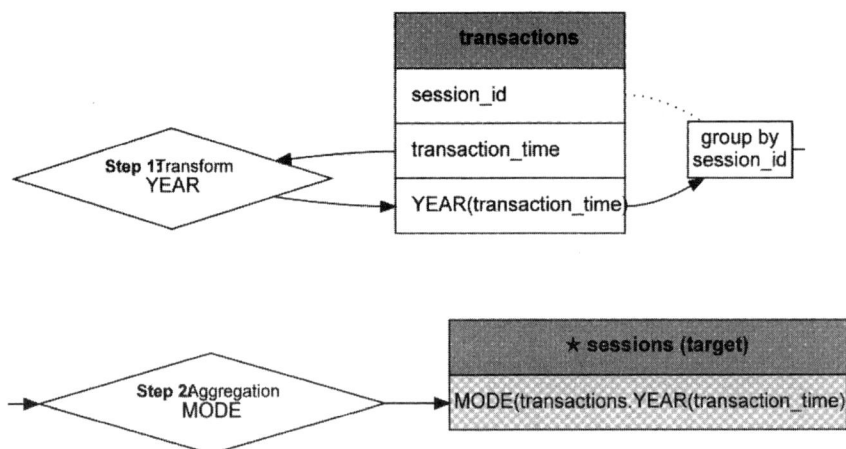

Featuretools还有很多强大的功能等待着大家去探索，但更重要的是Featuretools这类工具带给我们的启发，在整个风险分析的流程中，有很多通常被认为是定性分析的过程，在深入其本质时可以发现，这些定性的分析也是有据可循的，通过对此类过程效率的优化，可以极大地提升工作效率，从而留给分析师更多深入思考的时间。

7.4 小结

本章从模型分类开始，介绍了开始模型拟合前的准备工作，主要包括：模型可行性论证、数据收集、数据探索、样本准备、数据清洗，针对不同类型数据的特征提取等内容，这些都是建模前十分必要的工作；下一章起，将紧接着本章的工作，从拒绝推断讲起，介绍搭建模型的剩余工作。

第 8 章

从零开始做一个模型（下）

8.1 拒绝推断

拒绝推断是在做申请评分或交易回捞过程中会遇到的问题。在申请评分建模过程中，通常只有被"接受"样本的还款表现，但是申请评分的应用场景又需要包含可能被"拒绝"的样本，拒绝推断是为了保证建模样本和应用模型样本的一致性，对那些被拒绝而未知Y的样本，通过一些技术手段"推断"出Y的一类方法的总称。

常用的拒绝推断技术包括扩大法（Augmentation Methods）、外推法（Extrapolation Methods）、补充法（Bureau Supplement Methods）及两步法等。需要注意的是，这里的每种方法，也都是一类方法的总称。

8.1.1 扩大法

扩大法（Augmentation Methods）的核心原理是利用已知样本（Known-Good-Bad Sample, a.k.a KGB sample）推断出未知样本"可能"的还款表现，因此被推断的样本也称推断样本（Inferred-Good-Bad Sample, a.k.a IGB sample）。扩大是指扩大模型使用范围的意思。

由上可知，既然要推断未知样本，那么首先要在KGB样本上建立一个模型，用来推断IGB样本的Y。这里的KGB模型和通常的风险模型有一个显著的不同：

尽量选取那些在KGB样本和IGB样本中分布偏差较大（符合好坏关系的偏差大，如在IGB样本中多头更多、负债更大等）的变量进入模型，而通常的模型没有这个要求，反而要求尽量选取那些更"稳定"的变量。这样做的原因是，既然假设用户行为模式在KGB和IGB样本中是类似的，但由于IGB样本是更"坏"的表现，故需要通过这类变量在IGB上得到更"坏"的评分，以免低估风险。

在建立KGB样本模型后，再将KGB模型应用在IGB样本上，此时，在IGB样本上便有了一个推断的概率，即：probability of （Y=1）。如何将这个概率转化为0和1，有如下几种不同的方法。

1. 简单分类法

基于在KGB样本上的概率,即: probability of(Y=1),选取一个合适的阈值(注意这个合适的阈值既可以基于KGB上真实的好坏比例而定,也可以基于对拒绝样本风险的主观判断,可适当地调大或调小阈值),将IGB样本上的概率转化为0或1。需要注意的是,这里的0或1,是第5章提到的正类(positive)或负类(negtive)的概念。

2. 模糊扩大法

将IGB样本中的一条记录拆分为两条记录,如下图所示。

obs	bad	X
1	p1	x1
2	p2	x2

→

obs	bad	weight	X
1	0	1-p1	x1
2	1	p1	x1
3	0	1-p2	x2
4	1	p2	x2

这里的X指自变量,bad指因变量,而weight是权重。

模糊数学是研究和处理模糊性现象的一种数学理论和方法,模糊性数学发展的主流方向是其应用方面。

由于模糊性概念已经找到模糊集的描述方式,人们运用概念进行判断、评价、推理、决策和控制的过程也可以用模糊性数学的方法来描述。例如,模糊聚类分析、模糊模式识别、模糊综合评判、模糊决策与模糊预测、模糊控制、模糊信息处理等。这些方法构成了一种模糊性系统理论,构成了一种思辨数学的雏形,它已经在医学、气象、心理、经济管理、石油、地质、环境、生物、农业、林业、化工、语言、控制、遥感、教育、体育等方面取得了很实际的研究成果。

这里之所以称为模糊扩大法(Fuzzy Augmentation),就是上图所示的数据拆分方法,是模糊数学中最基础的数据处理方法。

3. 蒙特卡罗打包扩大法

蒙特卡罗(Monte Carlo)方法,又称随机抽样或统计试验方法,属于计算数学的一个分支,它是在20世纪40年代为了适应当时原子能事业的发展而发展起来的技术。传统的经验方法由于不能逼近真实的物理过程，很难得到满意的结果，而蒙特卡罗方法由于能够真实地模拟实际物理过程，故解决问题与实际非常符合，可以得到很满意的结果。这也是以概率和统计理论方法为基础的一种计算方法，是使用随机数（或更常见的伪随机数）来解决很多计算问题的方法。将所求解的问题同一定的概率模型相联系，用电子计算机实现统计模拟或抽样，以获得问题的近似解。为象征性地表明这一方法的概率统计特征，故借用蒙特卡罗来命名。

蒙特卡罗法是指通过随机抽样模拟的一类方法的总称。之所以用随机抽样模拟，就是要将IGB上的概率probability of （$Y=1$）转化为一个确定的值。在做随机模拟时，基于每个样本上的概率做一个简单的两点分布，基于$Y=1$的概率来决定IGB样本上因变量的取值。

可能很多读者看到这里会觉得，这是不是太随意了？确实是，所以又引入了一个打包（Parceling）的概念，即首先根据概率probability of （$Y=1$），对IGB进行分组排序（一般是等量分组，当然也可以是等距分组），有时也会根据IGB样本在决策过程中的拒绝顺序来分组（被拒绝得越早一般认为越坏），然后会形成如下的表格。

这里的核心是引入了"风险权重"概念，即一般认为在IGB样本中，有些样本跟坏，风险更容易被低估，所以要给那些排序靠前（概率大或者拒绝早）的样本一个更大的权重，那么给这10个样本做蒙特卡罗模拟时，每组样本服从的两点分布的概率变成了average of （$p_1 - p_{10}$）$\times 5$。

基于对拒绝样本中风险的预判，对IGB样本进行打包分组，并给予不同风险权重加成，再做蒙特卡罗模拟取值，这就是蒙特卡罗打包扩大法（Monte Carlo parceling Augmentation Methods）。

obs	bad	风险权重	
1	p1		
2	p2		
3	p3		
4	p4		
5	p5	5	Grou1
6	p6		
7	p7		
8	p8		
9	p9		
10	p10		
11	p11		
12	p12		
13	p13		
14	p14		
15	p15	1.5	Group2
16	p16		
17	p17		
18	p18		
19	p19		
20	p20		

4. 为什么不能直接用概率

由上面的介绍可以看出，基于KGB模型得出概率probability of（$Y=1$）后，不同方法的实质差别就是将概率转化为一个确定的0或1，为什么要这么大费周折，而不是直接把这个概率直接放到全样本的模型中。原因有如下两个：

（1）通过这个转化过程，能够基于经验更好地控制IGB样本中的bad rate，尽量避免风险低估，这与上面提到的"特殊的变量选择"目的是一致的。

（2）从模型上来讲，无论是逻辑回归或是其他机器学习方法，在这里做的都是分类器（Classifier）而不是回归器（Regressor），因此输入的因变量一定是离散的变量而不是连续的变量，尽管权重有时不是1。

8.1.2 外推法

外推法（Extrapolation Methods）是另一类拒绝推断方法的总称，其核心原理就是改变KGB样本中好坏样本的权重，使样本分布更符合全样本的比例，从而以此样本建立模型。一般来说，申请人样本和KGB样本最大的差异就是样本中"好人"和"坏人"的比例，是否可以直接给予KGB样本中的已知的坏（Known Bad）样本一个更大的权重呢？结论是最好不要这样做，原因如下：

申请样本和KGB样本的差异是由金融机构的风险规则决定的，而不是因为风险分析师开了外挂，精确地识别出那些会逾期的客户。

基于差异产生的原因，因此要改变的不仅仅是"好坏比"这么简单的比例，而是让这个样本从人群构成上更像申请样本。

因此，在改变KGB样本时，需要定义的"好"和"坏"其实不是逾期或不逾期，而是"通过"或"拒绝"，虽然在KGB样本中都是"通过"，但总有一些人更像被"拒绝"的样本，即那些在业务中通常所说的"边缘客户"，只不过首先要在申请样本上用"是否通过"作为因变量先做一个模型，这个模型的目的就是定量描述每个样本可能会被通过（也可以是拒绝）的程度。这个模型和通常的风险模型相比，也有如下注意事项：

（1）由于绝大多数申请评分的样本都会跨越若干个月，因此这个模型样本中通常会包含若干个月的样本，而一般的风险模型中，会要求模型在不同月份保持稳定；但在这若干个月中，风险策略没有迭代是不太可能的，所以这个要求是不太可能达成的；

（2）同理，由于这个模型唯一的作用是量化边缘客户的程度，所以对模型精确度的要求是高于泛化能力的。建模时，对于模型各方面的要求，一定要具体情况具体分析，不能拘泥于形式。

建立好这个模型后，在KGB上每个样本都会有一个接受程度（Degree of Accept后面用doa来指代）。

与扩大法类似，外推法根据具体的实现路径的不同，也可以分为简单外推和打包外推。

1. 简单外推

简单外推法就是用如下的公式给KGB的每个样本指定一个权重：

$$\text{Weight}=\max(1, \frac{1}{\alpha \times \text{doa}})$$

这里的α是一个经验系数，用来对样本权重做进一步调整。后续的模型则是基于这个（KGB, weight）样本。

由上述讨论可知，为了让KGB样本更像申请样本，必然要给那些更可能被"拒绝的用户"更大的权重；反之，那些更可能被"通过"的样本权重则相对较低。所以，权重公式也可以有其他形式，其核心的要求就是调整KGB中不同特征用户的权重。

2. 打包外推

与蒙特卡罗打包扩大法类似的是，这里也是基于doa对KGB样本进行排序打包，针对每一个包单独指定经验系数α；不同的是，每个样本都已经有确定的逾期或不逾期的Y，因此不需要用蒙特卡罗法来指定Y。

打包外推法和简单外推法的主要差异在于，打包外推法通过不同分数段分别指定经验系数，能够更定向地调整KGB样本的分布。

这种打包分组用来调整样本分布的方法，除了应用在拒绝推断中，还可以应用在连续型目标变量的模型中。一般来说，无论是应用线性回归或其他机器学习算法，拟合的目标都是降低误差，得出的估计都是无偏估计（Unbiased Estimation），但代价却是预测值的分布与真实值的分布有一定的差距。在这种情况下，也需要用打包法，对预测值的分布进行调整，以牺牲无偏性为代价，使得预测值与真实值的分布更为接近。

3. 如何确定经验系数α

在上面介绍的拒绝推断方法中，核心诉求就是调整样本分布，但单纯地讲样本分布是没有意义的，它一定是基于一个或若干个参照变量，来作为调整样本分布的依据，因此，把这些变量称为"锚"变量。

在选择"锚"变量时，尽量选取那些通常认为很稳定或具有明显业务意义，同时又不作为直接拒绝依据的变量。这时一定有读者说了，有业务意义而且还稳定，那就八成会用在拒绝规则中。要理解这个问题，首先还是要了解流程是怎样的，具体内容如下图所示。

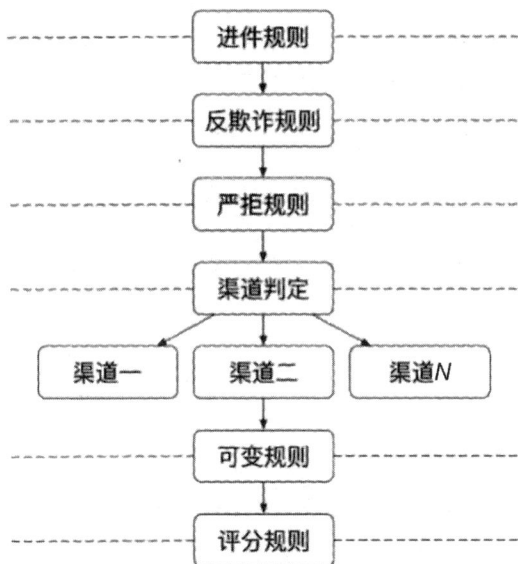

之前曾经提到，申请评分是应用在申请人样本中的，因此要在申请人样本上建模，而不是在KGB样本上；但需要注意的是，这里的申请人样本，通常是指通过进件规则、反欺诈规则、严拒规则甚至可变规则后的"申请人"样本，而不是全量的申请人样本，此"申请人"非彼"申请人"。只有这样，才能最大限度地保证建模样本和模型应用样本的一致性；在一般的业务实践中，由于可变规则的迭代频率比较高，有时也把它纳入建模样本中。

再回到对于"锚"变量的筛选，这里举一个例子"收入"，假设收入这个变量只存在前端的严拒规则中，例如收入<2 000元是无论如何不会通过的，而收入在后续的规则中又没有出现，那么收入就是一个"完美"的"锚"变量。

另外还有一个确定"锚"变量的思路是，选择模型中的重点变量，而这些变量不会出现在规则中，因为保证X在建模样本和应用样本中的一致性，也是非常重要的。

基于前面提到QQ图的绘图方法，可以分别计算出申请样本和KGB样本中的收入分布，分别列在X轴和Y轴，如下图所示。

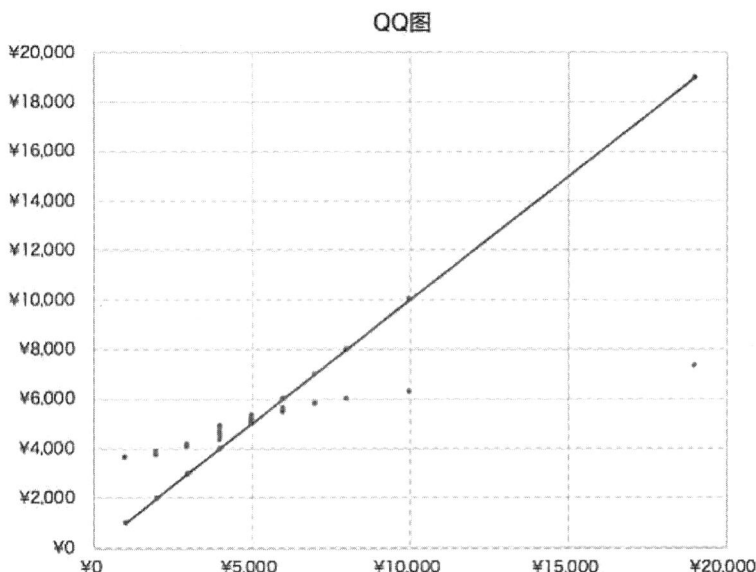

QQ图

上图中各点就是对应的分位数，而对角线则是作为参照的等分布线；由上图可以看出，收入这个关键变量在KGB样本与申请样本中的分布存在较大差异。

在打包外推法中，要通过不同的经验系数调整方案，使得调整后样本中的收入分布，尽可能贴近申请样本中分布。假设分四组打包，然后调整每组的经验系数后可以得到如下QQ图。

因为分组比较粗糙，还有一小部分的分布略有偏差，可通过增加分组的数量，不断提高分布的拟合度。当然，在前面的各种量化依分布相关的统计量也都可以用来评估模型样本调整的效果，但在这个场景下，基于人眼判断的QQ图就足够了，如下图所示。

QQ图

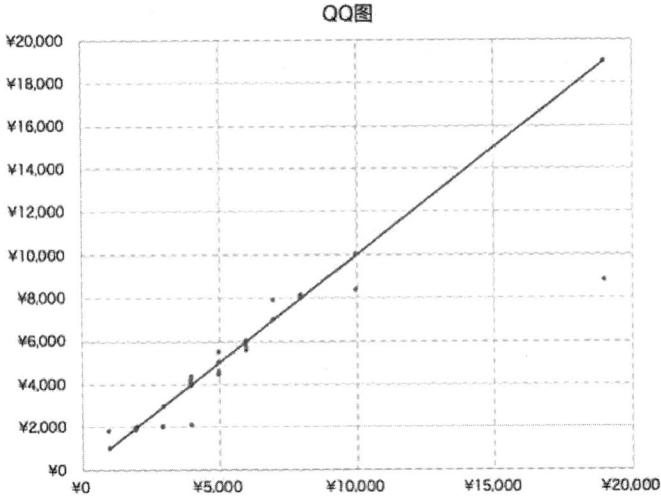

8.1.3　补充法和两步法

除了上面提到的扩大法与外推法外，还有一种比较理想，但目前在国内由于条件所限难以实施的方法，即征信局推断（补充法），也就是基于被拒绝用户在其他金融机构的表现，作为推断的还款依据；随着联邦学习或安全多方计算技术的成熟，以及个人隐私数据相关法律法规的完善，也许在不久的将来，各个金融机构在有法可依的前提下，能够以更开放的态度促进整个行业共同健康发展。

两步法的全称是赫克曼两步法（Heckman Two-stage），也称赫克曼矫正法（Heckman Correction）。是由著名的经济学家詹姆斯·赫克曼（James J. Heckman）在1976年提出的，两步法是一类经典的统计推断方法，尤其在计量经济学中广泛应用。

詹姆斯·赫克曼（下图），经济学家，美国芝加哥大学经济学教授、芝加哥经济学派代表人物之一，2000年获得诺贝尔经济学奖。

詹姆斯·赫克曼

8.2　模型评估与诊断

本章后几节的内容得到了t1modeler的大力支持, 特此感谢。

8.2.1　模型评估

对于主流的二元变量模型, 评估主要依据前面二元变量和连续变量的关系中阐述的各种方法, 通常看的指标包括两图一表, 即KS曲线图、ROC曲线图及等分排序表, 如下图所示。

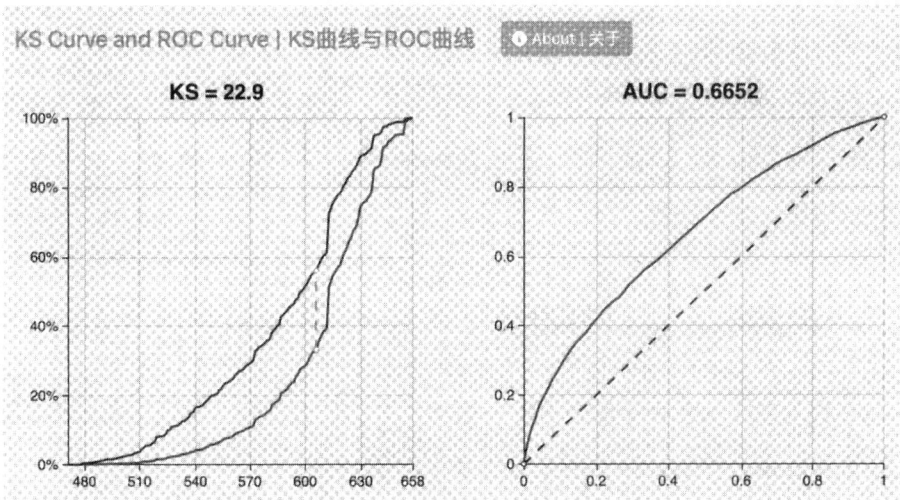

Rank Order Table | 等分排序表

#	Cnt Bin	Cnt Bad	Cnt Good	Bin Bad Rate	Remaining Bad Rate	Cum Bad	Cum Good	Cum Bad %	Cum Good %	KS	Score Min	Score Max	Score Avg
1	10033	745	9288	7.425%	2.745%	745	9288	27.14%	9.55%	17.59%	471	565	540.68
2	11275	429	10846	3.805%	2.223%	1174	20134	42.77%	20.70%	22.07%	566	587	578.79
3	9747	289	9458	2.965%	1.996%	1463	29592	53.30%	30.43%	22.87%	588	602	595.77
4	9213	225	8988	2.442%	1.859%	1688	38580	61.49%	39.67%	21.82%	603	612	607.52
5	11474	296	11178	2.580%	1.770%	1984	49758	72.28%	51.16%	21.11%	613	613	613.00
6	9646	222	9424	2.301%	1.577%	2206	59182	80.36%	60.85%	19.51%	614	621	617.45
7	10776	199	10577	1.847%	1.396%	2405	69759	87.61%	71.73%	15.89%	622	629	625.84
8	12920	196	12724	1.517%	1.221%	2601	82483	94.75%	84.81%	9.94%	630	637	634.49
9	6437	71	6366	1.103%	0.965%	2672	88849	97.34%	91.36%	5.98%	638	642	641.16
10	8478	73	8405	0.861%	0.861%	2745	97254	100.00%	100.00%	0.00%	643	658	651.02
Overall	99999	2745	97254	2.745%						22.87%	471	658	

在等分排序表中，上面的短虚线部分是常规的风险模型关注的识别坏用户的相关指标，下面的长虚线部分是一些回捞模型所关注的识别好用户能力的指导，在实际运用中，不能过于拘泥KS或AUC这些全局性指标，而要根据模型的实际用途，多关注模型在相应位置的局部性能。

8.2.2　模型诊断

工程化的数据建模，大多数情况下没有太大的必要去严格遵守各种统计模型的假设，但从模型的稳定性和泛化能力的角度，要非常注重入模变量之间的多重共线性，这里不只是线性相关，特别指由于变量之间的相关关系过于紧密，会造成模型中的信息冗余，影响模型的泛化能力。

两两变量的相关性，可以直接参考前面关于二元变量分析的相关介绍；更多变量的相关性，可以参考后面章节，在进行模型解释时，基于主成分分析，诊断多重共线性的方法。

8.3　机器学习模型的调参

和传统的统计模型相比，机器学习模型引入了更多的参数，因此参数在一定程度上也会影响模型的表现，本节就来简单讨论调参的相关问题。

8.3.1　调参方法概论

回到函数 $y=f(x;p)$，调参就是在固定模型特征 x 的前提下，通过调整模型的参数 p 获得更优的模型效果，这里的效果不仅指 KS 等效果指标，也包含各种稳定性指标。为了将问题简化，这里仅讨论单一目标的调参优化。

假设函数 G 是效果函数，即 $G(f(x;p))$ 代表了模型效果函数（如果目标是 KS，那 G 的输出就是 KS）；在 x 和 f 固定的情况下，这个函数简化表达为 $G(p)$，也就是说，调参的目标就是找到这个函数 G，只要知道了函数 G，那么对 G 求导，就可以得到最优的参数组合。

善于思考的你是不是有点反应过来了，所有模型调参方法的本质都是通过代入不同的 p，然后计算出对应的 g，当样本足够多，就可以用之前介绍过的任何方法，去拟合 G。这个问题细思极恐，如果拟合 G 的这个模型，又是一个带参数的模型，那就成了一个俄罗斯套娃问题，像手持镜子的人在照镜子。当然，实际情况下，不会把问题搞得这么复杂，因此在调参时一般都会采用一些不带参数的模型，把问题在这个地方中止。

8.3.2　经验法与贪婪算法

很多时候调参被认为是颇具神秘主义气息的事情，在开始调参前需要"祈祷"。

如果不应用任何的量化方法，而是基于经验进行调参，那么会落入贪婪算法的陷阱，得到一个相对的局部最优解，而非相对的全局最优解。

贪婪算法是这么描述的：

（1）建立数学模型来描述问题；

（2）把求解的问题分成若干个子问题；

（3）对每个子问题求解，得到子问题的局部最优解；

（4）把子问题的局部最优解合成原来解问题的一个解。

贪婪算法是一种对某些求最优解问题更简单、更快速的设计技术。贪婪算法的特点是一步一步地进行，常以当前情况为基础根据某个优化测度作最优选择，而不考虑各种可能的整体情况，省去了为找最优解要穷尽所有可能而必须耗费的大量时间。贪婪算法采用自顶向下，以迭代的方法做出相继的贪婪选择，每做一次贪婪选择，就将所求问题简化为一个规模更小的子问题，通过每一步贪婪选择，可得到问题的一个最优解。虽然每一步上都要保证能获得局部最优解，但由此产生的全局解有时不一定是最优的，所以贪婪算法不要回溯。

套用到调参的场景中，就是先改变一个参数，其他参数不变，找到这个参数的最优值，然后再调整下一个参数，直到遍历了所有的参数。

看下图这个例子：

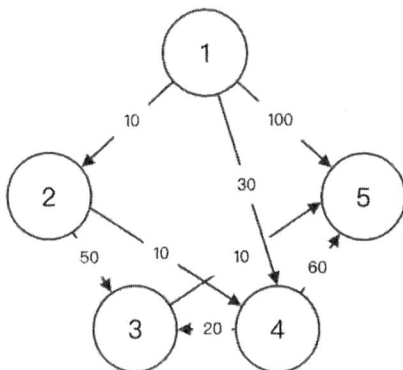

如果要找到从1到5的最短路径，根据各点之间的距离以及贪婪算法的流程，可以很容易找到路径是1→2→4→3→5，合计距离是50，在这个特殊的例子里，这个路径也是全局的最优路径，但如果做如下的小修改：

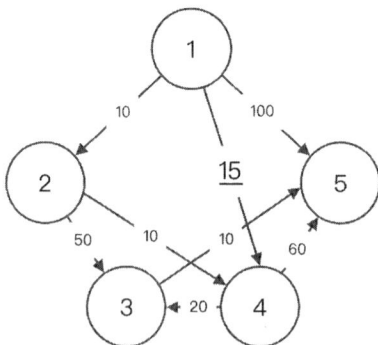

那么基于贪婪算法找到的最优路径还是1→2→4→3→5，但此时全局最优路径

是1→4→3→5。

在很多时候，贪婪算法是人脑所能处理的极限，如果想进一步通过调参来提升模型的性能，则需要借助一些量化手段。

8.3.3 网格搜索算法

大家都知道穷举法是能够确定找到最优解的，但实际中基本没可能遍历所有的可能，因为很多取连续值的参数，是不可能穷尽的。网格搜索（Grid Search Algorithm）则是一种简化版的穷举法，原理是针对每个参数，在可能的取值空间，均匀地选取一些值，然后遍历各个参数的各种取值组合。

大家千万别小看网格搜索，因为我们通常认为$g=G(p)$这个函数是可导的，这就意味着，之前如下的模型效果函数求解问题：

$$\text{augmax } g=G(p)$$
$$p\in P$$

的解空间P是光滑且连续的，因此可以用多步网格搜索，大概率的逐步逼近全局最优解。

比如在只有两个参数a、b的情况下，首先确定的网格搜索点是$a_i\times b_j$的各种组合，当遍历所有组合后，发现特定的$a_i\times b_j$对应的模型结果最好，则可以基于前面的结果，把搜索范围限制在$(a_i-1,a_i+1)\times(b_j-1,b_j+1)$的这个小区域（最优点的邻域）内用较小的间隔再次进行网格搜索，通常都可以找到比较近似最优的解；为了保险起见，可以不仅仅选取最优的组合进行二次网格搜索，而是同时选取排名比较靠前的几组组合进行二次网格搜索，这样找到一个相对靠近全局最优解参数组合的概率就会大大增加；而且，在进行多目标调参时（如模型的效果和稳定性范数），多选取几个较优的组合，在其邻域附近进行二次网格搜索，可以极大提高找到平衡最优解的概率。

从一次网格搜索到二次网格搜索的过程，也有那么点贪婪算法的感觉在里面。这里要特殊说明，当解空间的分布呈不规则的形状时，贪婪算法是极其容易被引导向一个不好的局部最优解，但是在解空间是光滑的（尤其是单峰光滑）情况下，网格搜索+贪婪算法是一种及其高效的搜索算法。

8.3.4　模型效果函数拟合

无论是贪婪算法还是网格搜索算法，虽然都打着算法的名号，但总感觉是过于宣传了，不是技术方面的。那么，本节讨论的就是有一点技术含量的拟合算法。

在调参方法概论中提到，只要知道模型效果函数，就可以通过求导等方式，优雅的求解模型效果函数的最优解。拟合模型效果函数总共分为两步，采样和拟合。根据采样拟合的先后顺序，可以分为串行和并行两类：

（1）串行：边采样，边拟合；

（2）并行：采样完毕再统一拟合。

另外，也可以按照拟合方式来进行分类：

（1）参数拟合：即有预先设定的函数，一般是高维的高斯分布，如Gamma分布或Beta分布；

（2）非参数拟合：即不预设函数，纯粹进行经验拟合。

这里参数和非参数的差别，类似之前讲到的假设检验中参数和非参数检验的差别。上一小节讲到的多层网格搜索算法，就是一种并行的非参数拟合方法。

这个话题暂且不发散，只介绍一种基于对模型效果函数进行串行参数拟合的优化方法——贝叶斯优化。

贝叶斯优化的背景知识略有点多，这里仅做简单介绍，我上学时关于贝叶斯的介绍是一门课程。

（1）托马斯·贝叶斯（Thomas Bayes）英国神学家、数学家、数理统计学家和哲学家，如下图所示，1702年出生于英国伦敦，1742年成为英国皇家学会会员。贝叶斯在数学方面主要研究概率论。他首先将归纳推理法用于概率论基础理论，并创立了贝叶斯统计理论，对于统计决策函数、统计推断、统计的估算等做出了贡献。1763年发表了这方面的论著，对于现代概率论和数理统计都有很重要的作用。贝叶斯的另一著作《机会的学说概论》发表于1758年。贝叶斯所采用的许多术语被沿用至今。

托马斯·贝叶斯

（2）贝叶斯最主要的贡献是提出了一种统计推断理论，而这种理论和经典的概率论有着显著的差别，并且这种统计推断理论在很多时候更适合真实的场景。举个例子，根据经典的概率论，一个正常的硬币，不管怎么扔出去，不管之前扔过多少回，之前正反的比例是怎么样，那么下一次正反的概率依然是50∶50；但根据贝叶斯的推断理论，我们知道这是一个正常硬币，因此假设下一次的概率是50∶50，这叫做先验概率（Prior Probability），但连续扔出10次以后，发现全是正，那么就会用这10次为正的结果去修正再下一次的概率，就不是50∶50，可能是80∶20，这个叫作后验概率（Posterior Probability）。

（3）串行参数拟合中的概率分布，通常使用多维高斯分布，即多维正态分布，其概率密度函数如下：

$$f(\vec{x}) = \frac{1}{\sqrt{(2\pi)^n \det(\sum)}} exp(-\frac{1}{2}(\vec{x}-\vec{\mu})^T \sum^{-1}(\vec{x}-\vec{\mu}))$$

我们知道det代表的是行列式，多维的有点抽象，下图是一个二维高斯分布的示意图。

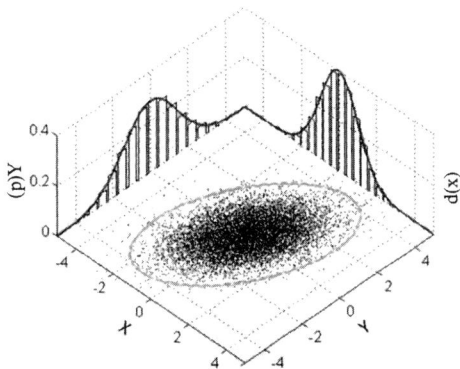

从每一个单一的维度看过去，都是一个正态分布。

（4）高斯过程，由于整个贝叶斯优化是一个串行拟合的过程，因此基于这个过程，构成了一系列的样本点，如果每个点都服从高维的高斯分布，那么这个序列则构成了一个高斯过程，这一系列 yi 又服从如下的联合正态分布：

$$
\begin{bmatrix} y_1 \\ y_2 \\ \cdots \\ y_n \end{bmatrix} \sim N(0, \begin{bmatrix} k(x_1,x_1),k(x_1,x_2),\ldots,k(x_1,x_n) \\ k(x_2,x_1),k(x_2,x_2),\ldots,k(x_2,x_n) \\ \cdots \\ k(x_n,x_1),k(x_n,x_2),\ldots,k(x_n,x_n) \end{bmatrix}
$$

上面公式中的那个矩阵叫作协方差矩阵，也称核矩阵，记为 K。注意这个知识点 $k(x_i,x_j)$，就是这个协方差矩阵的核函数，这个函数是 Python 语言中贝叶斯调参时的重要参数，这个参数的取值直接决定了调参的效果（这个参数真的是一层套一层，终点也是起点），如果假设 y_i 服从联合高斯过程，那么

$$
\begin{bmatrix} y \\ y^* \end{bmatrix} \sim N(0, \begin{bmatrix} K,K_*^{\mathrm{T}} \\ K_*,K_{**} \end{bmatrix}
$$

如果指定一种叫作平方指数核（Squared Exponential Kernel）的核函数，这个核函数表示如下：

$$
k(x_1,x_2) = \sigma_f^{2} \exp(\frac{-(x_1-x_2)^2}{2l^2})
$$

为了知道 y 对应的分布，可以通过串行的采样，不断地进行拟合估计，这里通常会应用极大似然估计，似然函数如下：

$$
L = \log p(y \mid x,\theta) = -\frac{1}{2}\log|K| - \frac{1}{2}(y-\mu)^{\mathrm{T}}K^{-1}(y-\mu) - n \times \log(2\pi)/2
$$

其中，$\theta = [\sigma_f^2, l]$

高斯过程的拟合，在 GitHub 关于贝叶斯调参的项目中如下图所示，很多用户都引用了这个图形，用来表示用 9 个串行的点就能有一个大概的拟合结果，这里的虚线代表了高斯分布期望的变化，灰色的区域则是 95% 的置信区间。

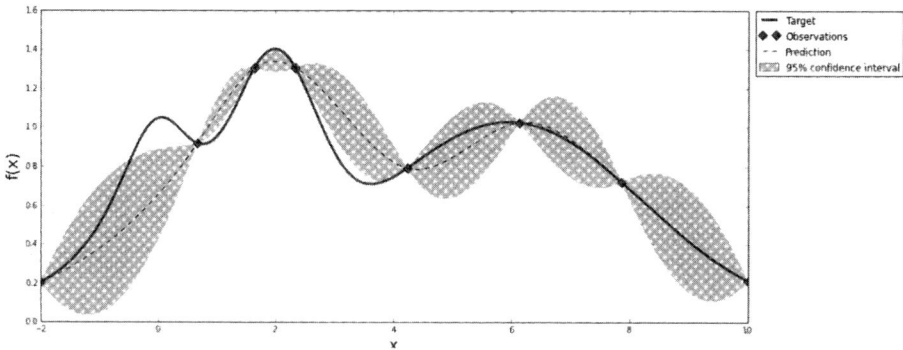

介绍完了关于贝叶斯优化的一些背景知识，其中的那些数学公式看不懂也没关系，这里简要汇总流程图如下图所示，帮助大家理解。

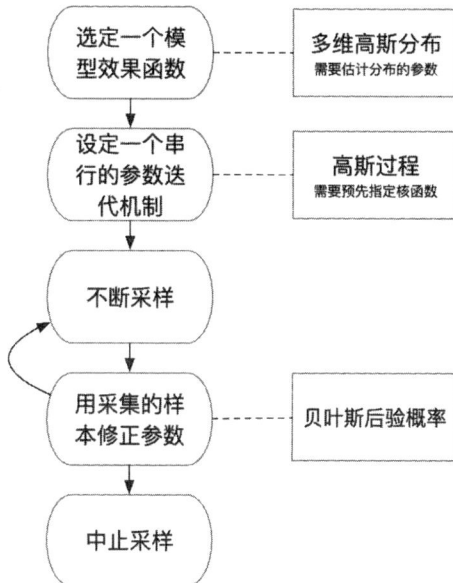

在实际运用中，其实不需要考虑这么多，只需简单地写几行代码，下面以Python中的随机森林的调参为例：

```
BayesianOptimization(rf _ cv, {
'n _ estimators': (20, 300),
'min _ samples _ split': (1, 20),
'max _ features': (0.1, 0.999),
'max _ depth': (2, 50)} )
```

最终的输出结果为：

{'max_params': {'max_depth': 5.819908283575526,
'max_features': 0.4951745603509127,
'min_samples_split': 2.3110014720414958,
'n_estimators': 249.73529231990733}, 'max_val': 0.9774079407940794}

这里使用的都是默认参数，如果想进一步优化结果，可以尝试不同的参数组合。

之所以针对机器学习模型调参方法进行比较系统的介绍，是因为对于很多模型，调参的方法对于模型结果有相当重要的影响。但需要注意的是，对于金融机构来说，指定一种适合的调参方法甚至标准化整个建模流程，使得不同分析师在不同的项目中都能够有稳定的输出，得到差不多"fine and stable"的模型，与依赖一个人的技能发挥，各种模型的质量参差不齐相比，更能够提升风险运营水平。

8.4 模型解释

模型解释的核心是解释模型中特征变量（后面的章节中可能会简称为特征或变量）是如何影响因变量的。清晰地解释特征变量有如下好处：

（1）更深入地理解用户行为；

（2）通过挑选能够直观解释的特征变量，提高模型的稳定性或泛化能力。

特征变量的解释主要分为两个部分，分别是：

（1）符号一致性分析；

（2）模型影响分析。

8.4.1 符号一致性分析

符号一致性分析（Actual Y 和 X）的主要诉求是确保特征变量在各种评估维度下，所反映出的与因变量的相关关系的一致性，常用的指标和方法包括：

（1）业务认知。即基于业务理解，特征和因变量是如何关联的，以通常的风险模型为例，负债、历史逾期、近期查询等，都与风险显著正相关；

（2）相关系数。相关就是对应的特征与因变量的相关系数，相关系数的符号直观地代表在实际数据中特征与因变量是如何关联的；

（3）基于特征分箱观察到的趋势。前面提到的基于变量分箱绘制的二元图（Bivariate Chart）可以帮助分析师非常直观地理解数据所展现出的特征与因变量的关联性（见下图）；

Bivariate Chart

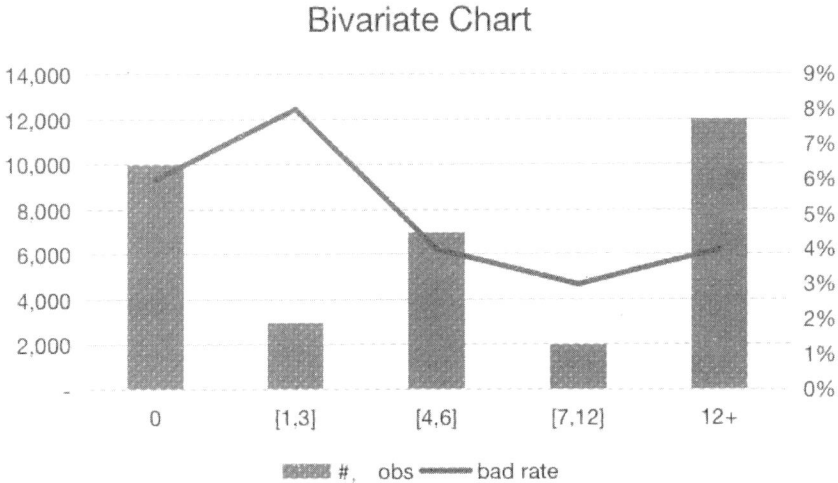

（4）线性回归模型或逻辑回归模型中的系数。基于回归模型的特性，模型拟合后，特征对应的系数，也能直观反映特征和因变量的关联（如下图第二列），但需要特别注意，前三种方法，都仅仅取决于单一特征与因变量的关联，而回归模型中的系数，会受到其他特征的影响。

Variable	Estimate	WaldChiSq	ProbChiSq	StandardizedEst	VarianceInflation	CORR
A	-0.0002	1472.903	<.0001	-0.6587	1.39229	-0.079598
B	-0.1195	700.0316	<.0001	-0.0916	1.21072	-0.095706
A	0.2485	545.0165	<.0001	0.1473	1.5151	0.092948
B	-1.4867	425.9476	<.0001	-0.113	1.1074	-0.01366
A	-0.0773	357.536	<.0001	-0.0764	1.19162	-0.078945
B	0.0315	308.9904	<.0001	0.0739	1.29208	0.071812
A	0.0967	291.0959	<.0001	0.0814	1.26643	0.080212
B	0.0823	273.5765	<.0001	0.0343	1.08816	0.086068
A	0.0822	190.6044	<.0001	0.0667	1.11748	0.043995
B	-0.0000	149.0917	<.0001	-0.0888	1.03669	-0.017911
A	-0.2516	143.0222	<.0001	-0.0664	1.04369	-0.027214
B	-0.2579	135.4381	<.0001	-0.0484	1.18152	-0.062146
A	-0.7466	131.4473	<.0001	-0.0558	1.00515	-0.01835
B	0.0581	96.0917	<.0001	0.0298	1.12626	0.052295
Intercept	-3.0127	4038.0351	<.0001	--	0	.

对于绝大多数将要决定风险决策的模型，基本要求是如上四个维度的结论保持一致，这是对某个特征的判断基调。不过在很多情况中，对于很多弱变量、边缘变量经常会出现上面四个符号有不一致的情况。

1. 业务认知与量化方法结论相悖

首先，这种情况很多时候由于特征实在是不显著，如果这种变量对模型表现没有显著影响，一般不建议入模；

其次，特征有可能与因变量有着不单调的相关关系（如年龄，一般可能是30岁左右风险比较低，年纪过大或过小风险都相对较高，在Bivariate Chart中会形成一个U-shape），那么基于确定的业务关联，可以应用前面讲到的虚拟化方法，应用非邻域合并的WOE变换，得到新变量；

最后，还有一种可能，即偶然发现了在某个细分客群上，确实用户的行为与通常的认知是不同的。这种情况下，需要更加仔细的验证，毕竟Too good to be true!

2. 量化方法之间结论不一致

首先，绝大多数时候，模型系数与其他两种方法都不一致，主要原因可能有以下两种情况：

原因1：在模型中有另一个与当前变量相关系数很高的特征，或这个变量几乎能被其他几个变量线性表达，这两种情况都会造成模型的过拟合，扭曲了当前特征与因变量的关联性。

前一种可以通过逐一计算当前变量与其他变量的相关系数轻易地诊断出来（A01~A14是入模的变量），甚至有时通过变量的含义就能显示出来（见下图）。

	A01	A02	A03	A04	A05	A06	A07	A08	A09	A10	A11	A12	A13	A14
						Pearson 相关系数								
A01	1.00	-0.35	0.14	-0.19	0.14	-0.19	0.18	-0.06	-0.38	-0.23	0.07	0.04	0.07	-0.11
A02	-0.35	1.00	-0.16	0.09	-0.16	0.37	-0.36	0.08	0.29	0.22	0.05	-0.03	-0.17	0.24
A03	0.14	-0.16	1.00	0.02	0.35	-0.10	0.09	-0.26	-0.11	-0.03	0.04	0.01	0.04	-0.05
A04	-0.19	0.09	0.02	1.00	0.10	0.16	-0.04	-0.03	-0.07	0.09	0.01	0.02	-0.09	0.08
A05	0.14	-0.16	0.35	0.10	1.00	-0.07	0.09	-0.20	-0.13	-0.04	0.02	0.02	0.04	-0.03
A06	-0.19	0.37	-0.10	0.16	-0.07	1.00	-0.23	0.04	0.11	0.15	0.14	-0.01	-0.10	0.30
A07	0.18	-0.36	0.09	-0.04	0.09	-0.23	1.00	-0.04	-0.09	-0.18	0.00	0.02	0.02	-0.13
A08	-0.06	0.08	-0.26	-0.03	-0.20	0.04	-0.04	1.00	0.06	0.02	-0.01	0.00	-0.01	0.02
A09	-0.38	0.29	-0.11	-0.07	-0.13	0.11	-0.09	0.06	1.00	-0.01	-0.06	-0.01	-0.03	0.06
A10	-0.23	0.22	-0.03	0.09	-0.04	0.15	-0.18	0.02	-0.01	1.00	0.03	-0.02	-0.06	0.09
A11	0.07	0.05	0.04	0.01	0.02	0.14	0.00	-0.01	-0.06	0.03	1.00	0.02	-0.04	-0.02
A12	0.04	-0.03	0.01	0.02	0.02	-0.01	0.02	0.00	-0.01	-0.02	0.02	1.00	-0.04	-0.02
A13	0.07	-0.17	0.04	-0.09	0.04	-0.10	0.02	-0.01	-0.03	-0.06	-0.03	-0.04	1.00	-0.08
A14	-0.11	0.24	-0.05	0.08	-0.03	0.30	-0.13	0.02	0.06	0.09	0.02	-0.02	-0.08	1.00

后一种情况相对复杂，通过基于主成分分析对变量矩阵进行降维，如果前几个特征向量（Eigen Vector）对整个模型的贡献度很高，通常意味着存在某个变量能被其他变量线性表达的情况，见下图特征空间贡献度在第5个变量就累计到80%+。

Number	Eigenvalue	Cumu.Dsitribution	A01	A02	A03	A04	A05	A06	A07	A08	A09	A10	A11	A12	A13	A14
1	10.505	30.9%	0.044	0.059	0.019	0.006	0.018	0.042	0.035	0.008	0.026	0.022	0.000	0.000	0.009	0.024
2	8.516	55.9%	0.000	0.003	0.121	0.076	0.129	0.032	0.006	0.100	0.019	0.023	0.024	0.001	0.008	0.026
3	5.183	71.2%	0.115	0.001	0.037	0.001	0.022	0.044	0.000	0.065	0.158	0.000	0.199	0.016	0.023	0.034
4	2.060	77.2%	0.019	0.006	0.015	0.221	0.000	0.012	0.057	0.021	0.006	0.002	0.049	0.234	0.208	0.022
5	1.020	80.2%	0.001	0.000	0.012	0.089	0.001	0.009	0.025	0.035	0.158	0.203	0.066	0.186	0.066	0.019
6	0.970	83.1%	0.000	0.002	0.005	0.053	0.000	0.013	0.118	0.001	0.000	0.161	0.030	0.383	0.068	0.122
7	0.935	85.8%	0.014	0.002	0.002	0.004	0.005	0.017	0.026	0.006	0.010	0.048	0.280	0.162	0.180	0.238
8	0.913	88.5%	0.044	0.008	0.005	0.183	0.005	0.015	0.057	0.041	0.030	0.213	0.004	0.343	0.011	
9	0.806	90.9%	0.017	0.021	0.000	0.057	0.033	0.000	0.373	0.030	0.001	0.330	0.000	0.009	0.017	0.188
10	0.799	93.3%	0.000	0.001	0.089	0.052	0.241	0.003	0.005	0.637	0.027	0.028	0.000	0.002	0.013	0.012
11	0.838	95.1%	0.020	0.003	0.272	0.053	0.264	0.351	0.069	0.023	0.001	0.016	0.060	0.000	0.001	0.168
12	0.631	97.0%	0.006	0.003	0.421	0.000	0.267	0.328	0.046	0.031	0.004	0.001	0.073	0.000	0.003	0.131
13	0.525	98.5%	0.277	0.699	0.000	0.064	0.000	0.126	0.130	0.000	0.005	0.008	0.004	0.000	0.048	0.002
14	0.499	100.0%	0.443	0.185	0.001	0.143	0.015	0.007	0.052	0.000	0.554	0.127	0.001	0.004	0.007	0.002

原因2: 变量不显著或者非单调的趋势，同样会造成量化方法之前的符号不一致，基于特征分箱可视化，可以高效地排除或诊断此类问题。

8.4.2　模型输出与单一变量的解释

符号一致性分析保证了进入模型中的特征变量，在模型拟合过程中起到的作用与其表征出的特性是一致的，而模型影响分析更侧重于变量在模型打分的逻辑中，对最终输出分数（Predicted Y）的边际影响；同时，模型影响分析也能从另一个侧面验证特征变量与真实风险（Actual Y）的相关关系。

1. 逻辑回归或评分卡模型对单一变量的解释

逻辑回归的本质是Logodds与特征线性相关，因此能够非常直观地看到特征变量对于最终评分的影响。但在一些时候，为了能够更好地向非分析团队解释逻辑回归对于评分的影响，需要更进一步对每个特征在不同情况下对最终评分的影响作出描述。

在t1modeler中提供了类似的功能，如下图所示。

Variable ｜变量	Value ｜取值	Score ｜分数
Score P0	基础分数	605
age	1. [-numpy.inf, 21)	208.25
age	2. [21, 24)	114.71
age	3. [24, 27)	55.76
age	4. [27, 30)	25.51
age	5. [30, 34)	5.64
age	6. [34, 36)	-3.78
age	7. [36, numpy.inf)	-18.22
sex	Female	16.68
sex	Male	-5.77
race	Asian_AmerIndian_Other	2.51
race	Black	10.71
race	White	-1.07
occupation	?	30.59
occupation	Adm-clerical	21.63
occupation	Armed-Forces	28.23
occupation	Craft-repair	2.40
occupation	Exec-managerial	-32.87
occupation	Farming-fishing	26.84
occupation	Handlers-cleaners	47.14
occupation	Machine-op-inspct	24.21
occupation	Other-service	60.30
occupation	Priv-house-serv	116.67
occupation	Prof-specialty	-28.60
occupation	Protective-serv	-12.67
occupation	Sales	-4.55
occupation	Tech-support	-9.83
occupation	Transport-moving	7.14

在这个模型中，最终的评分基数（基础评分）是605分，当每个特征取不同的值

时，只需加上或减去相应的分数，这样非常便于业务人员操作和理解。

其原理也很简单，在前面逻辑回归的内容中提到过，很多时候为了应用方便，直接将Logodds=ax+b做一个线性变换，就可以得到一个有一定应用意义的分数（如不同的分数代表不同的好坏比等），如果在建模前对每一个变量（连续或非连续）都按照WOE做好离散化或虚拟化变换，就可以知道每一个确定的特征取值，所对应的如上分数。因为这段话稍微有点难理解，这里通过两段代码进行解释，帮助大家理解。

以age这个变量为例，其WOE变量和最终模型的公式如下图所示：

```
my_df['age_woe'] = numpy.where((my_df['age'] < 21), 594.51,
    numpy.where((my_df['age'] >= 21) & (my_df['age'] < 24), 327.48,
    numpy.where((my_df['age'] >= 24) & (my_df['age'] < 27), 159.19,
    numpy.where((my_df['age'] >= 27) & (my_df['age'] < 30), 72.81,
    numpy.where((my_df['age'] >= 30) & (my_df['age'] < 34), 16.08,
    numpy.where((my_df['age'] >= 34) & (my_df['age'] < 36), -10.78,
    numpy.where((my_df['age'] >= 36), -52.00, numpy.nan)))))))
```

```
PDO = 40
P0 = 600
theta0 = 0.31719255663430423 # odds = total_bad / total_good
B = PDO / numpy.log(2)
A = P0 + B * numpy.log(theta0)

my_df['score'] = \
    A - B * -1.23162545 \
    -B * -0.00883990 * my_df['marital-status_woe'] \
    -B * -0.00525256 * my_df['occupation_woe'    ] \
    -B * -0.00746685 * my_df['education-num_woe'  ] \
    -B * -0.00920073 * my_df['capital-gain_woe'   ] \
    -B * -0.00554333 * my_df['hours-per-week_woe'] \
    -B * -0.00606991 * my_df['age_woe'            ] \
    -B * -0.00304976 * my_df['sex_woe'            ] \
    -B * -0.00229635 * my_df['race_woe'           ]
```

由上面两段简单的代码可以看出，当age处于[21,24)区间时，变量age在最终评分中的值是：

age=−(40/log(2))×327.48×−0.006 069 91=114.71

2. 偏相关性图

按照字面意思直译就是部分依赖图，但这样总觉得略显随意。因此，参照数学中偏导数（Partial Derivative，一个多变量的函数的偏导数，就是关于其中一个变量的导数而保持其他变量恒定）的翻译，我认为可以翻译成偏相关性图Partial Dependence Plot（PDP）*，或偏依赖图；这样其实偏导数、偏依赖及偏微分，可以一脉相承的表示多变量函数求导、本身及积分时单一的X与Y的各种关联性。

偏依赖的含义，就是描述特征对模型输出的边际效应，而PDP就是将这个关系做图形化表示。

回归分析中的偏依赖是这样定义的：

$$\hat{f}_{x_S}(x_S) = E_{xC}[\hat{f}(x_S, x_C)] = \int \hat{f}(x_S, x_C) dP(x_C)$$

这里的x_s就是需要诊断的特征变量，一般是一个或两个特征，如果是两个特征，就称为联合偏依赖（Joint Partial Dependence），其实还可以更多维，但超过二维后，是难以图形化表示的；x_c就是模型中的其余特征，其本质即x_s的偏依赖函数就是模型函数对x_c的积分。

偏依赖函数的数值逼近公式为：

$$\hat{f}_{x_S}(x_S) = \frac{1}{n} \sum_{i=1}^{n} \hat{f}(x_S, x_C^{(i)})$$

偏依赖尤其是偏依赖的数值逼近公式，提供了一个强大的工具帮助我们诊断在模型中X对于预测Y（Predicted Y）的影响。无论这个模型是显式的线性模型、逻辑回归，或是各种gbm模型。可以说有了PDP，再不用担心机器学习模式是黑盒了。

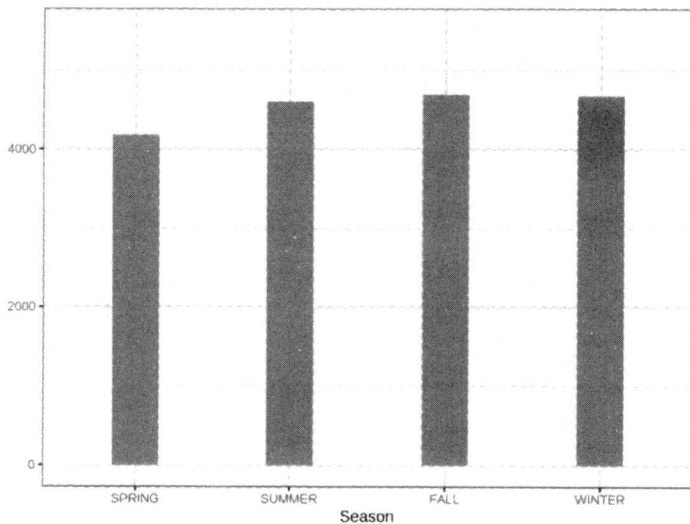

非连续变量的PDP效果如下图所示。

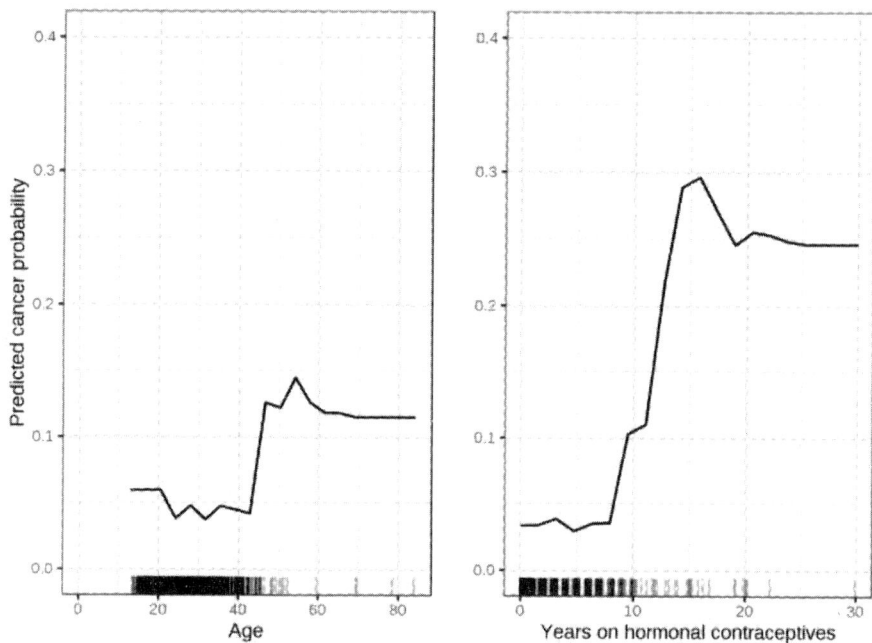

连续变量的PDP效果如下图所示。

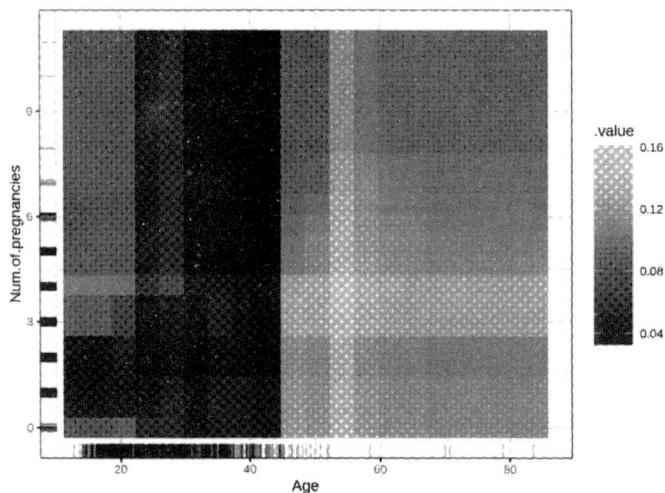

双变量的PDP图，X和Y轴分别代表两个变量，图中色块的颜色深浅代表预测Y。

还可以更进一步通过观察GBM迭代深度不断增加时PDP的变化，从侧面理解GBM是如何"逐渐学习"的，如下图所示以身份证中前两位数代表的省份代码为例，分析某个模型中PDP的变化。

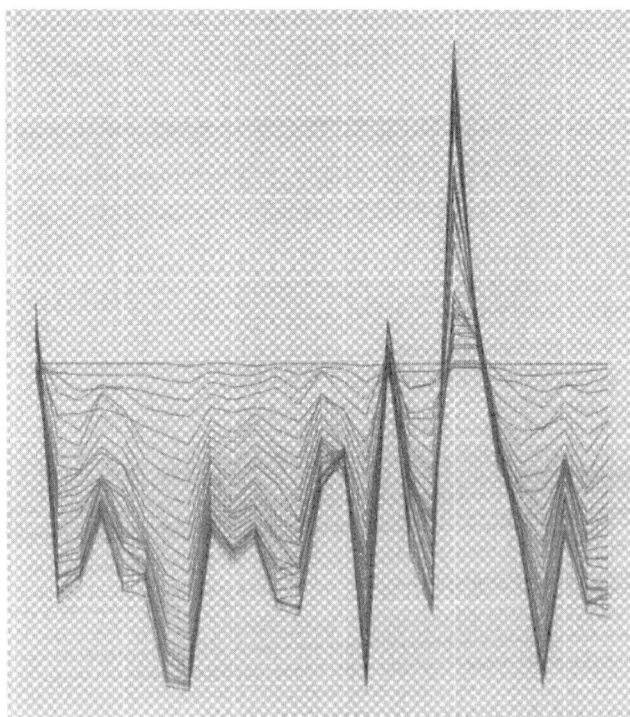

随着学习深度的增加（不同决策树的叠加），不同的省份 ID 对预测 Y 有了越来越大的区分，上图由 R 绘制，ntrees 是 R 中代表深度的参数。

*2021 年 3 月 26 日人民银行发布了《人工智能算法金融应用评价规范》，其中将 PDP 翻译为部分依赖图。

3. 局部代理模型

对于逻辑回归来说，分析师可以通过模型中变量的系数来解释变量对于预测 Y 的趋势影响；通过 "1. 逻辑回归或评分卡模型对单一变量的解释" 中的方法，可以用来解释对于某个具体的样本或客户，每个特征是如何构成最终的预测 Y（评分）；对于类似 GBM 之类的复杂模型；在 "2. 偏相关性图" 中讲解的方法可以帮助分析师理解每个变量如何作用于预测 Y，那么是否有办法像将逻辑回归拆解成评分卡一样，帮助分析师或者业务人员理解，对于某个具体的样本（客户）在复杂模型中 X 是如何起作用的呢？答案当然是肯定的，本小节就来讨论这个问题。

解决这个问题的基本出发点是，既然复杂模型非常难于理解，那么在某个具体样本的局部，可以用一个代理模型去模拟这个复杂模型的输入和输出，而这个代理模型又是相对容易理解的；由于复杂模型在全局样本中很难用简单模型去模拟，但是在某个样本的一个邻域附近，模拟还原度是很高的，因此这个方法被称为局部代理模型（Local Surrogate Model）。

在 2016 年首次提出了 Local interpretable model-agnostic explanations（LIME）的概念，一般称为 LIME 解释器，全称我把它翻译为 "不可知模型局部可解释的解释器"。这个方法非常强大，可以解释从 GBM 到图像、文字等深度学习模型。

除了直接调用 LIME 的包以外，也可以按照如下步骤实施局部代理模型。

（1）基于想要解释的特定样本，定义一个邻域，需要有如下两个要素：

- 定义距离（可以是欧式距离、马氏距离或其他距离定义）；

- 基于定义好的距离，设定一个最大距离，作为训练局部代理模型的样本集。

（2）在选取好的样本上，给予不同样本不同的权重，一般是距离目标样本越近，权重越大；反之越小，通常可以用1/distance来表示；

（3）对于拥有多个变量的复杂模型，可以按照variable importance函数选取其中比较重要的变量，一般变量个数不建议超过10个，这一步的作用是进一步简化对于模型解释。如下图为LIGHTGBM中输出的变量重要性；

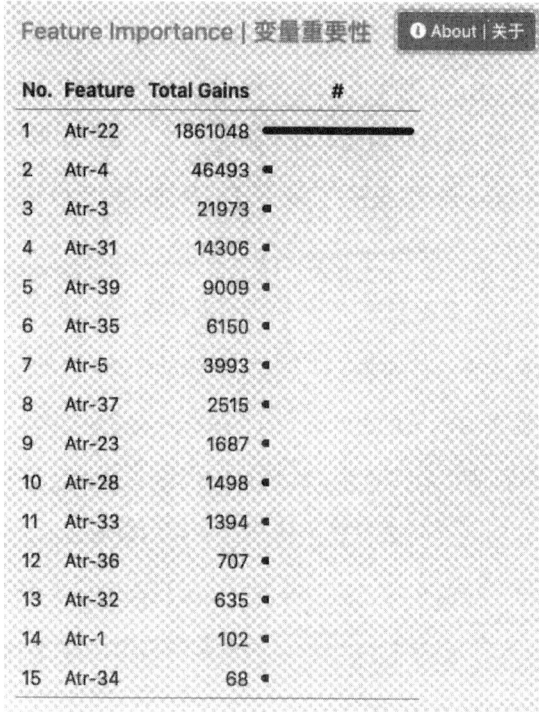

No.	Feature	Total Gains	#
1	Atr-22	1861048	
2	Atr-4	46493	
3	Atr-3	21973	
4	Atr-31	14306	
5	Atr-39	9009	
6	Atr-35	6150	
7	Atr-5	3993	
8	Atr-37	2515	
9	Atr-23	1687	
10	Atr-28	1498	
11	Atr-33	1394	
12	Atr-36	707	
13	Atr-32	635	
14	Atr-1	102	
15	Atr-34	68	

（4）选择对应的简单模型去回归预测Y，一般可以用线性OLR或者LASSO；

（5）基于回归所得到的简单模型，对指定样本进行解释。

上面这个过程就是LIME中对于回归模型的基本解释原理，当然细节上会略有偏差。

如下图所示是LIME的官方包对于某随机森林模型在一个特定样本上解释的结果示例。

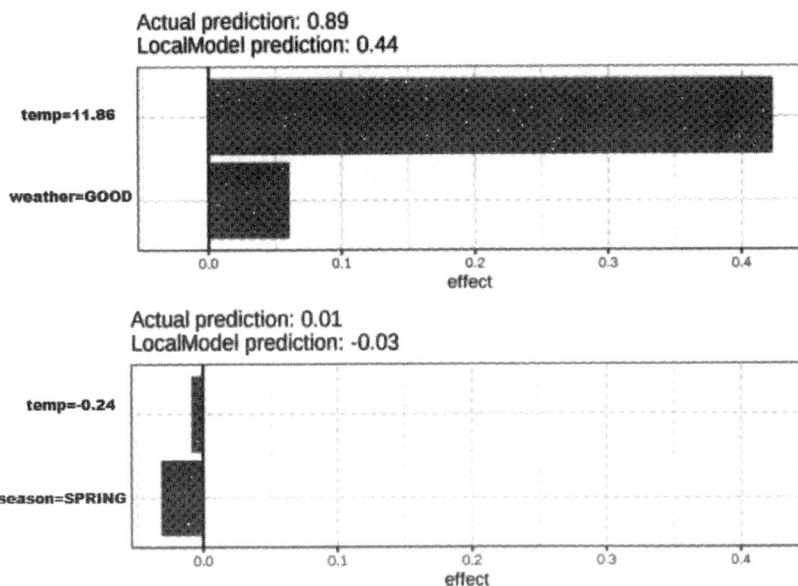

上图中的第一个例子，实际的预测值是0.89，但局部模型拟合出来是0.44，其中temp（温度）和weathersit（天气）分别显示的结果大概为0.42和0.06。

8.4.3　模型解释小结

基于传统观念"黑盒"的不可解释性，是复杂机器学习模型在信贷风险管理中应用的一个巨大障碍，而这又被很多模型分析师忽略，在建模的过程中过于关注模型的表现，而忽略模型内在的解释性；如果能基于本节讲解的对复杂模型中自变量与因变量相关关系解构的相关原理并加以理解和灵活运用，将会对分析技能有巨大提升，此类方法不仅可以用于解释模型，同样可以用来解释业务中各种复杂关联指标的相互作用。

而通过对指标相互关系量化的解构，是从"量化描述"到"量化解释"的重要突破。基于预先定义量化解释器，可以内置于整个风险策略管理的方方面面，不仅可以做到及时的预警，更可以节省大量以解释变化为目的的分析工作，更快速地定位问题，制定相应的策略。

8.5 建模流程

如下图是一个简单汇总完整模型流程的思维导图,前面两部分已经陆陆续续都介绍完了。需要注意的是,特别标注"循环流程"中的那三个步骤,它们不是一般的顺序流程,而是要不停循环往复,直到寻找到一个能够平衡各种需求和指标的模型。在这个过程中为了尽可能减少分析师的重复工作,而又不漏掉重要指标,一般会研发一个专门的工具,只需调整模型的参数或变量,就能快捷地在一个文件中生成全部重要指标,这个文件通常被称为模型报告(Model Report)。

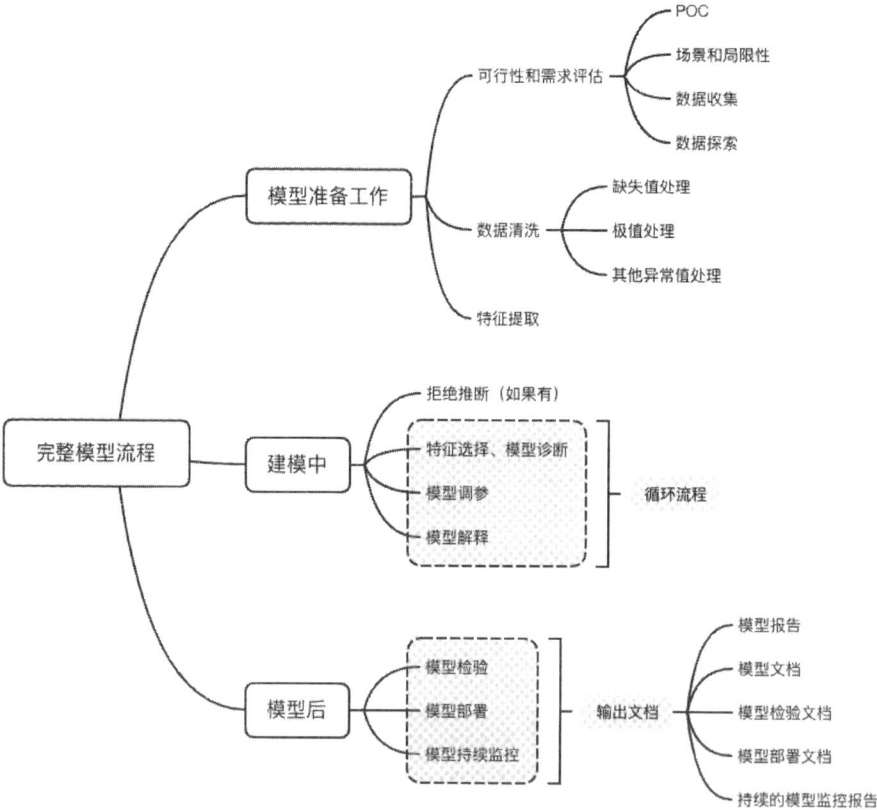

建模完成后,还有上图中的最后一部分,即建模后的相关工作,模型的收尾工作同样重要;这些工作保证了模型的各种相关信息能够被书面保存,检验模型的整个过程是否正确,以及模型部署在生产系统中是否能够持续正常运行。

8.6　模型后续工作

经过了上面全部的磨炼后，才算完成了一个基本合格的模型，但这仅仅是模型在整个风险策略体系之旅的第一步。"靡不有初，鲜克有终"，相对于建模过程给很多新入行的人带来的成就感，后面要开始的流程常常会让人觉得枯燥、没有价值，以至于经常会被忽略，但这些简单而枯燥的工作，却是保证模型正常工作必不可少的环节。一个经验丰富的模型专家，不仅仅要知道每个步骤需要做什么，更重要的是哪个步骤如果不做，潜在的风险会是什么，在紧急情况下，哪些步骤可以暂时省略，事后补充，哪些是一定要做的。

8.6.1　模型文档

模型文档(Model Documentation)是撰写描述建模全流程的文档，其核心作用有如下两个。

(1)保证模型全流程的可复现。

在一家公司中，人员的流动是不可避免的，如果不能够保证建模流程的可复现，那么对于已经在策略中使用的模型，将会是极大的隐患，毕竟不能复现的BUG都不能叫BUG；另外，通过可复现的模型流程，也可以帮助建模人员，重新梳理建模时的各种奇思妙想，起到二次校验的目的。

(2)忠实记录建模过程中的各种关键决策，说明模型的应用范围、使用局限及可能的风险，毕竟模型也是一个产品，只要是产品就应该有个产品说明书。

很多人经常把模型报告当成了模型文档，其实模型报告只是在建模过程中汇总各种技术指标的一个文件，是模型文档的一部分；如果非要做类比，就像你买的新手机，模型报告仅相当于其中CPU、内存、屏幕分别率及电池容量等技术指标。

之前所在的外资公司因为各种法律法规的要求，模型文档包含了非常详细的内容，甚至在某些时候都有点模式化了；在目前国内信贷行业模型团队的人员配置和工作节奏下，是不太现实且不必要的，但模型报告至少要包含如下几个模块的信息：

(1)模型项目的时间表及模型相关人员，这里的相关人员至少要包括模型需求方、建模人员、模型经理、模型复核人等；

（2）模型样本选取规则、原因及样本分布统计；

（3）模型因变量确定规则及样本分布；

（4）（如果有）拒绝推断模型的相关内容；

（5）包含各类技术指标的模型报告；

（6）模型应用的局限性，即模型的主要应用场景是什么，迁移到其他的场景会有怎样的风险；

（7）模型特征变量的加工、精细规则；

（8）（如果是）机器学习模型的参数选择及其决策依据；

（9）（如果有）逐一解释模型中每个对模型输出有显著影响的变量对模型输出的影响；

（10）（如果有）模型中用到的外部数据及其潜在风险；

（11）模型数据提取、特征加工、模型拟合、打分的代码，即保证校验人员能够基于这些代码原封不动地复现模型拟合结果和打分结果。

8.6.2　模型检验

每一个风险分析师都应该意识到，我们每天做的事都是在帮助公司控制信用风险（也包含欺诈等这些操作风险）；但是只要我们在工作，无时无刻都有可能造成公司层面的操作风险，这些风险包括如下几个方面：

（1）由于代码里少考虑了限制条件，而选错样本，使得分析结果变形；

（2）在做模型的时候，某个变量变现出的特征只是因为数据量或者某些原因不符合常理；

（3）没有考虑样本中的缺失值、极值等异常值，导致模型泛化能力很差；

（4）错误使用了一些未来业务中可能不存在的字段；

（5）模型特征加工逻辑偏离了之前的想法。

那么，谁来保证我们不犯这样的错误呢？除了自己反复检查和上一级的检查，需要有一个第三方的部门或团队从完全独立的角度去检查模型,才能最大程度地避免发生各种建模操作风险。

模型风险管理团队(Model Risk Management, MRM)也就是风险内部的 IA(Internal Affair),通常属于那种懂的都懂,不懂也很难说明的团队,仅在国内比较少的机构能看到这个独立团队;绝大多数情况下,还是要靠模型团队内部的双人校验。

另外从严谨的角度,还要形成模型检验文档(Model Validation Document)。模型检验文档与模型文档相比,更侧重于描述模型流程;在一些 MRM 团队中同样有经验非常丰富的模型分析师,在模型检验文档中,也会包含对于模型过程中相关操作的改进建议,这对于很多模型团队的人员也是非常有帮助的。

8.6.3 模型部署

模型部署,即是将建立好的数理模型,转化为业务系统可运行的业务软件代码,并保证在系统中运行的结果和在建模时能够输出同样的结果。

1. 模型部署实现

模型部署(Model Implementation)目前在行业内有两种主流的方式:

(1)用 Python 语言或 R 语言完成模型后,可以将模型文件进行保存,然后用模型平台去调用 Python 或 R 的服务直接完成打分;

(2)用 Python 语言或 R 语言将模型导出为 PMML 文件,然后用模型平台直接读取 PMML 文件完成打分,包括 Java 语言在内的一些主流的开发语言,都对 PMML 有良好的支持,需要注意 PMML 和其对应的 Java 支持包也有版本区别,在一般模型部署平台和生成 PMML 时要特别注意。

下图是 PMM 文件中关于版本的部分。

```xml
<?xml version="1.0"?>
<PMML version="4.3"
  xmlns="http://www.dmg.org/PMML-4_3"
  xmlns:xsi="http://www.w3.org/2001/XMLSchema-instance">
```

```
<Header copyriqht="Example.com">
<DataDictionary>...</DataDictionary>

...a model...
```

```
</PMML>
```

预测模型标记语言（Predictive Model Markup Language, PMML）是一种利用XML描述和存储数据挖掘模型的标准语言，它依托XML本身特有的数据分层思想和应用模式，实现了数据挖掘中模型的可移植性。

一个PMML文件数据模块和模型模块如下所示。

```
<DataDictionary>
        <DataField name="bad" optype="categorical" dataType="string">
                <Value value="0"/>
                <Value value="1"/>
        </DataField>
        <DataField name="hist" optype="continuous" dataType="double"/>
        <DataField name="parent_c" optype="continuous" dataType="double"/>
        <DataField name="other_c" optype="continuous" dataType="double"/>
        <DataField name="banktz" optype="continuous" dataType="double"/>
        <DataField name="banktb" optype="continuous" dataType="double"/>
        <DataField name="loantz" optype="continuous" dataType="double"/>
        <DataField name="loantb" optype="continuous" dataType="double"/>
        <DataField name="cctz" optype="continuous" dataType="double"/>
        <DataField name="cctb" optype="continuous" dataType="double"/>

<Segmentation multipleModelMethod="modelChain">
        <Segment id="1">
                <True/>
                <MiningModel functionName="regression">
                        <MiningSchema>
                                <MiningField name="hist"/>
                                <MiningField name="parent_c"/>
                                <MiningField name="other_c"/>
                                <MiningField name="banktz"/>
                                <MiningField name="banktb"/>
                                <MiningField name="loantz"/>
                                <MiningField name="loantb"/>
                                <MiningField name="cctz"/>
                                <MiningField name="cctb"/>
                                <MiningField name="offt"/>
```

虽然通常看到的PMML文件都是由Python或R对应的包自动生成的，但是

PMML也有自己的固定语法，其实可以自己手动调整PMML文件。

2. 模型部署的必要流程

如下图是一个决策模型部署的5个基本模块，绝大多数情况下，虚线中的部分由分析师完成，而头尾两部分由研发人员完成。

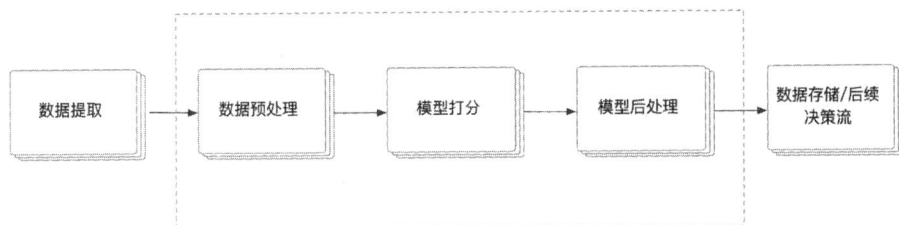

（1）数据提取：将生产环境中的原始数据做基本处理，输入模型平台，这里的数据既可以是原始的面板数据，也可以是已经加工好的宽表数据；区别是，对于绝大多数分析师来说，写代码主要考虑逻辑的准确性和通用型，不太考虑代码的执行效率，因此，在数据量特别大或者时效性要求特别高时，一般建议由研发人员通过高效的代码，将原始数据加工成宽表数据，输入模型平台；

（2）数据预处理：除去上面讨论的可能需要面板数据到宽表数据的转化以外，这里最重要的步骤就是做数据异常值、极值的处理；这里的异常值和极值的处理方法，要同建模时的处理方式保持一致，用以保证模型的输入值完全符合建模时的要求；即便在建模时有某个特征或变量完全没有缺失值或极值，也要在这里做出防御性处理；

（3）模型打分：用上一小节中介绍的方法进行打分；

（4）模型后处理：对模型直接输出的评分进行处理，通常的处理都是将Logodds或概率转化为规则需要的评分；甚至在一些行为评分或通用评分场景下，要基于month over month的分值做平滑处理；

（5）数据存储/后续决策流：将模型打分结果和其他一些输出值，存储到数据库中，并继续后续的决策流。

正如上面一小节提到的，绝大多数情况下，PMML文件都是由Python或R对应的包自动生成的，因此该PMML文件里只会包含模型打分的模块，如果不能读懂PMML文件然后进行相应修改，那么就需要另外的功能模块来解决数据预处理和模型后处理。

3. 模型线上校验

模型线上校验，用比较洋气的说法叫作用户接受测试（User Acceptance Test，UAT），其目的是保证线上模型部署后，线上模型输出的结果，与建模时期望得到的结果一致。造成差异的主要原因如下：

（1）不同计算机语言的数据精度差异；

（2）不同计算机语言，有时虽然函数名字一样，但其实不一样，最典型的例子就是log（），这是薛定谔的log，时而以2为底，时而以e为底；

（3）数据预处理逻辑与建模时出现了差异等。

鉴于PMML文件直接阅读很困难，因此UAT主要采用实例验证法来确定一致性或定位问题：

（1）选取一定数量的建模原始数据样本，分别通过线下打分和线上打分的方式，分别计算最终输出，并进行1对1的比较，一般需要保证误差小于0.000 1；

（2）mock样本，一般每个变量都要覆盖至少4个例子，包含缺失值、真极大值、真极小值，某正常值。在条件允许的情况下，建议遍历所有变量的4个值组合。

UAT在很多情况下都是非常简单，朴实无华，且枯燥。

4. 模型部署文档

又到文档环节了，由于模型部署很多时候会牵扯到与非分析师团队的交互，以及不同系统平台的切换，这个过程如果不能如实地记录下来，那么后面出了问题都不知道是什么造成的。一般模型部署文档（Model Implementation Document）要包含如下内容：

（1）由策略人员生成的模型包或PMML文件；

（2）数据预处理代码或伪代码（Pseudo code）；

（3）模型后处理代码或伪代码（Pseudo Code）；

（4）两个校验数据集（这些数据集通常要保留到模型退役）；

（5）UAT的人员及对比结果（虽然都是匹配一致，但到底是差0.000 1还是一点不差，这个也要如实记录）。

8.6.4 模型监控

一旦模型上线，就要开始进行模型监控。模型监控主要有两个维度，模型是否在正常运行和模型是否持续有效。

1. 模型前端监控

模型前端监控（Front-end Tracking）一般都是以小时、或天的频率来进行如下两图，其核心目的是保证模型的正常运行，这里又分为三个方面的监控：

（1）模型输入值的稳定性：模型输入值的稳定性，需要监控模型输入的原始数据的变化情况，异常值（缺失值、极端值）的占比有没有明显变化，变量的分布有没有显著变化。这里的变化，不仅要与建模样本比，还要与昨天、上周同一天、上月同一天、上季度同一天进行比较，在做小时级监控时，还要保证精确到小时的切片是一致的；除此之外，还需要做连续若干个观测单位的趋势监控，如小时、天等。

（2）模型输出值的稳定性：这里的模型输出值不仅包括模型的评分，也包括一些可能的模型分群等，同样需要跟建模样本、与昨天、上周同一天、上月同一天、上季度同一天的相同时间切片做比较。

（3）模型输出值的准确性：这里是指虽然在模型部署时，已经完成了UAT的测试，但毕竟什么BUG都有可能发生，要通过监控，排除隐患。如下图所示为两张前端监控。

Distribution 历史均值 - 变量A

■ [0,500)　■ [1000,2000)　■ [10000,100000)　■ [100000,inf)　■ [2000,5000)　■ [500,1000)　■ [5000,10000)

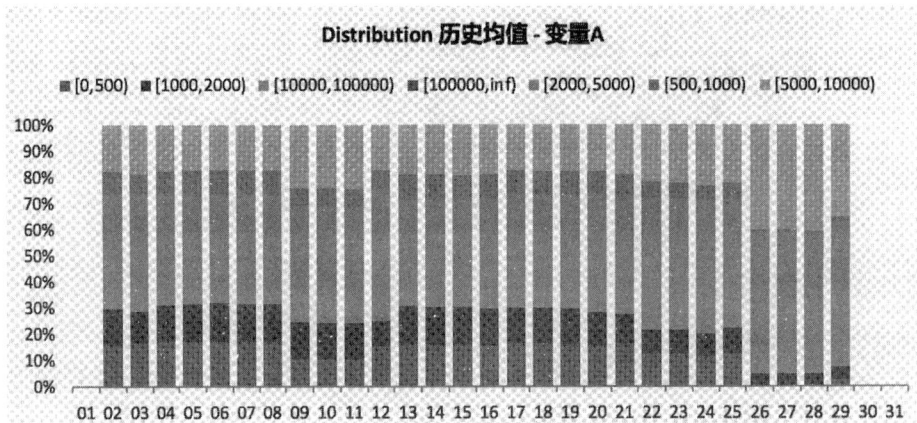

Avg. Score

—○—历史均值　—○—当前月份

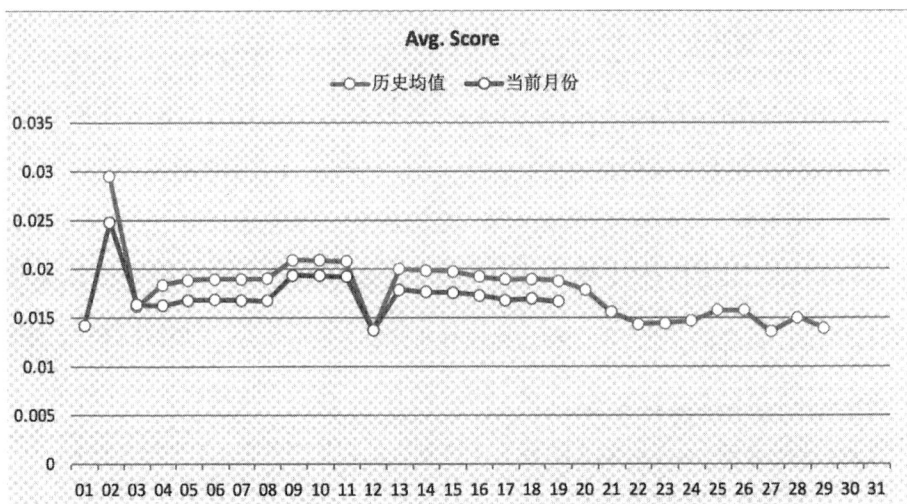

2. 可量化的偏差和异常趋势

实践中最常使用的量化偏差度指标是PSI（Population Stability Index）。PSI就是基于预先定义（Pre-Define）的分组策略（需要始终保持一致），将需要对比的样本，与锚样本（这里可以是建模样本，也同样可以是昨天、上周同一天等样本）基于公式计算：∑(当前样本分组占比-锚样本分组占比)×ln(当前样本分组占比/锚样本分组占比)。

除了PSI之外，之前讲解的所有用来判定两个变量相关性的量化指标都可以用在这个场景，只不过由于有约定俗成的监控场景下PSI的监控值，如10%、20%等，没有太大的必要标新立异应用其他指标。

另外，除了PSI外，还有在1950年前后发明的，用来监控趋势图异常变化的 Nelson Rules，一共包含八个基本规则，命中任意一个都需要进行预警：

规则1：任一点超过上界或下界；

规则2：连续两个点超过（或低于）两个标准差；

规则3：连续的四个点中有三个超过（或低于）一个标准差；

规则4：连续的八个点超过（或低于）平均值；

规则5：连续六个点在单调增或单调减；

规则6：连续十五个点都在均值的正负一个标准差之内；

规则7：连续十四个点不停地上下波动；

规则8：连续的八个点都在均值的正负一个标准差之外；

如下图所示比较难理解的规则6和规则7的示例。

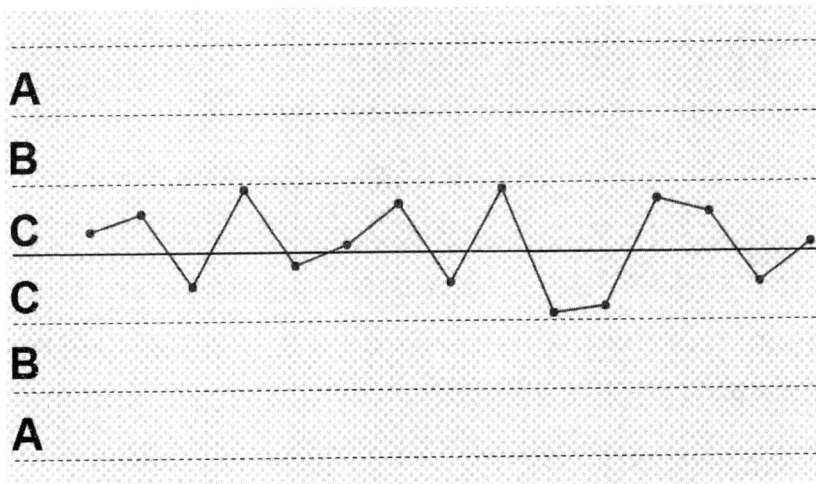

规则6示意图显示A，B，C区域分别为均值正负3倍、2倍、1倍标准差。

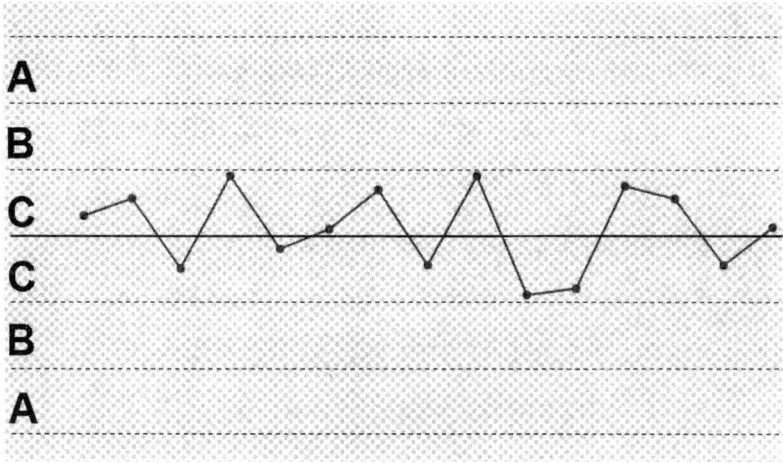

规则7示意图显示A，B，C区域分别为均值正负3倍、2倍、1倍标准差。

3. 分级监控

生活中大家可能都有体会，如果微信右上角是一个红点，就总会忍不住去看；但如果上面是个99+，通常就只是想去把那些未读点变为已读，而不是真想去看那些信息。在精神医学中，称为上瘾后快感递减的"奖赏预期误差理论"，生活中的享乐适应症和经济学中的边际效益递减，也是类似的道理。回到模型监控预警，如果预警的频率过高，不但会极大消耗分析师的精力，还会潜移默化地降低分析师对于预警的敏感度，要从心理上抵消这种影响是非常困难的。因此，在监控预警体系设计之初就要考虑这种效应对于分析师心理的影响，监控预警不是越频繁越好，一定要对预警的级别进行分层，对于一些中低等级的预警，可以适当降低预警的频率。同时，对于不同等级预警，要做出明确的区分。

4. 模型后端监控

模型前端监控的主要诉求是保证模型的正常运行，而模型后端监控（Back-end Tracking）也称模型表现监控（Model Performance Tracking），其核心诉求是保证模型的有效运行，即模型能保证其基本的区分能力；由于用户还款与交易发生存在一定的时间差，因此模型后端监控的频率一般以自然月为单位。模型后端监控一般分为如下几个方面。

模型表现样本稳定性监控：即模型打分样本中，可观测到的目标变量的变化趋势，当目标变量中1的占比（逾期率）发生显著变化时，就算模型的主要技术指标没有大的变化，也要引起注意并进行相应的深入分析（见下图）。

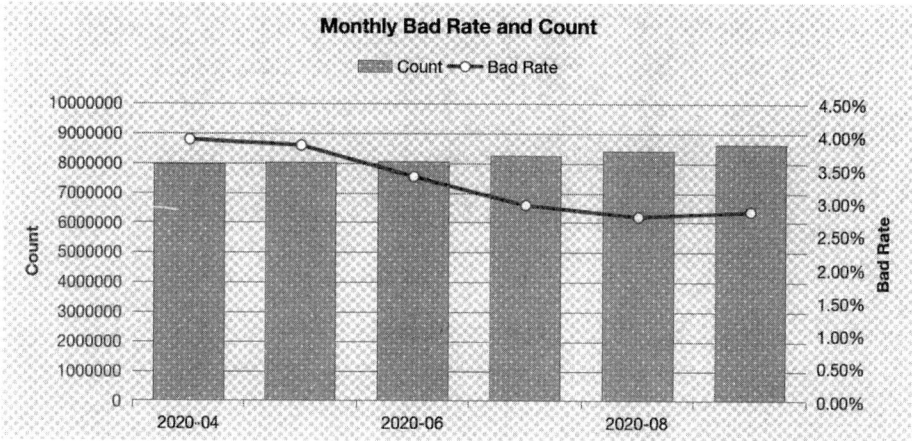

模型整体技术指标趋势监控：监测包含KS、AUC、Bad Captured X%在内的众多主要技术指标，随着时间的变化趋势（见下图）。

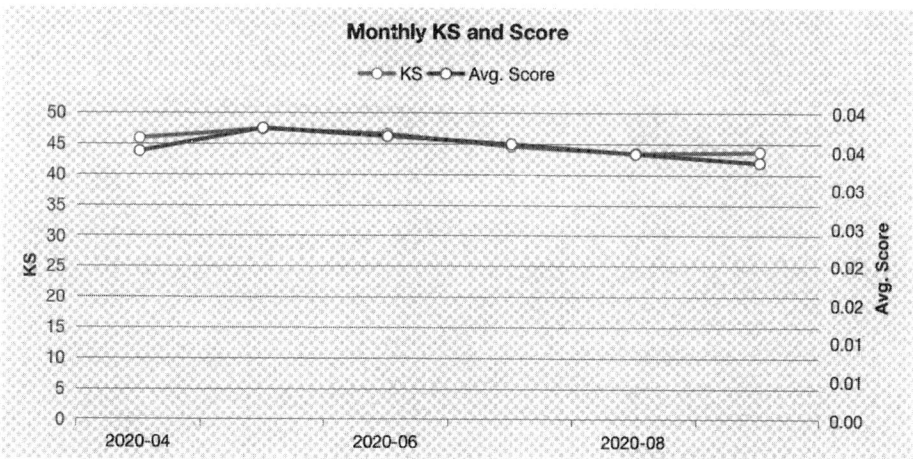

模型自变量稳定性及区分能力监控：这里主要针对入模变量的分布、分群的WOE及IV等表现分群显著性，以及变量整体性能的技术指标进行监控；尤其针对那些在训练模型时对模型有显著贡献的变量要格外关注（见下图是三张自变量监控示意图）。

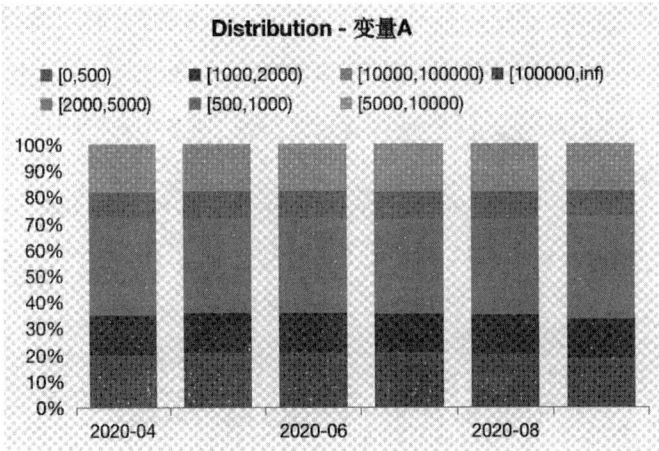
Distribution - 变量A

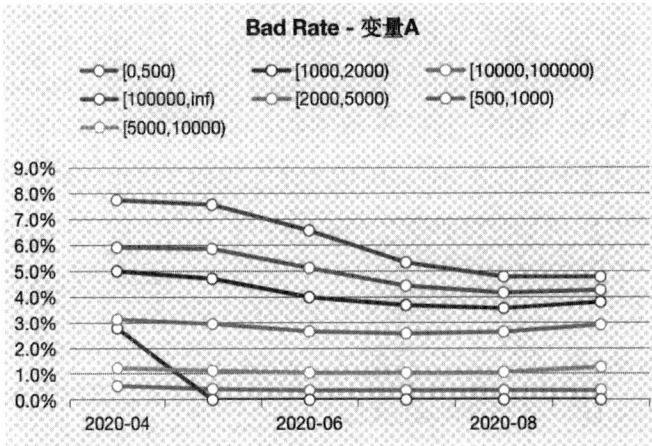
Bad Rate - 变量A

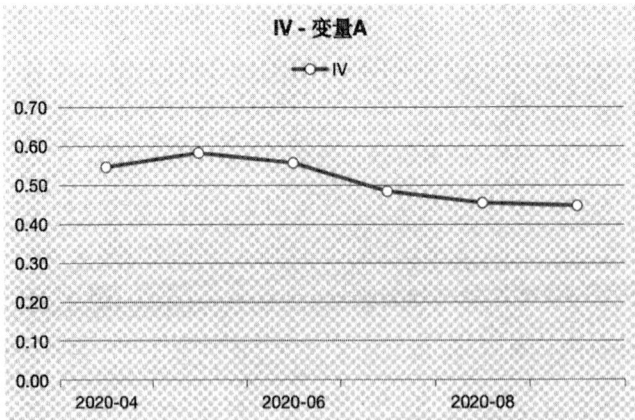
IV - 变量A

模型后端监控与前端监控有两个显著的差异，在构建监控报表时需要额外注意：

（1）对于一些表现期比较长的模型（如6个月、12个月等），不能拘泥用模型本身的目标变量对模型进行表现评估，为了能够尽早对模型表现进行监控，需要用如下两种方法进行替代。

① 使用较早的样本开始监控模型真实的长期表现。比如，需要监控的模型目标变量是12个月，假设现在是2020年6月，那么建模样本至少要在2019年5月之前，而模型上线的时间是2020年的7月，为了能够尽快观测到模型在近期的表现，就需要从模型上线的那个月起，用2019年6月的样本，回溯模型打分后，监控模型表现，并随着时间的推移逐渐向后，尽管在这些样本上并没有应用模型评分做决策；

② 使用较短期的目标变量做替代。这个相对容易理解，但需要注意，这里不仅要用一个目标变量做替代，最好同时用超短期表现变量（FPD指标），以及某个中短期指标（表现期为3个月的某个指标）。

（2）建模样本和模型应用样本的样本偏差：一般来说，风险模型的作用是将对应客群进行排序，然后拒绝一部分样本；在对模型表现监控时，若直接与建模样本的模型指标进行比较，一般来说，会看到比较大的模型衰减，这个现象产生是由于因此需要基于在实际运行中观测到的模型评分最大值（或最小值，即评分阈值）应用在建模样本中，计算修正后的建模样本指标进行更公平的比较，继而得到更真实的模型表现参照。

8.7　小结

本章介绍的内容包括拒绝推断、模型诊断与评估、机器学习模型的调参、模型解释、模型验证和部署、整理模型文档，以及如何监控模型在业务中的运行。建模和模型管理是一个系统工程，其核心目的是高效而稳定地解决业务问题，而不是像数据建模竞赛那样仅仅比拼一两个评估指标，模型解释、模型文档、模型监控都是保障模型能够健康运行的必要手段。

后记

　　此刻已经是2021年4月，我内心感到无比激动，这个历时三年多的项目终于可以暂时告一段落；由于在4月后要开始一个新项目，因此还有很多之前计划好的内容没能完成，希望有机会能够再版，把这些内容补充完整。靡不有初，鲜克有终，在撰写本书的过程中，我更加深刻地体会到了这句话的含义。在这三年中，发生了许许多多的事情，这些帮助我在工作中能够从不同的角度去审视信贷风险分析这份工作，收获颇多，未来也希望有更多的机会跟大家分享。

　　再次感谢在整个过程中帮助过我及提供过宝贵建议的领导、同事和朋友，也感谢能够耐心看到这里的各位读者；同时也非常感谢中国铁道出版社有限公司的编辑老师，给了我这个与大家交流的机会。由于个人水平有限，书中难免有遗漏和错误，请大家谅解，欢迎交流，如有需要可以在我的微信公众号"数据风控和数字史故事"后台留言，谢谢大家。

张岩